アクティブに「あたりまえ」を疑ってみよう

# 部落問題学習の授業ネタ 3

部落問題学習ネタつくろう会 編

星野勇悟・監修

解放出版社

# はじめに……この本を活用してくださるみなさんへ

## ●学びとは？　仲間づくりとは？

　ある朝、小学2年生のみゆきと、あきと、なおが話しかけてきました。

　「先生、なぞなぞしようよ」

　「いいよ」

　「問題です！」

　「ジャー、ジャン！」

　「朝は4本足、昼は2本足、夜は3本足の動物はな〜んだ？」

　よく知られたなぞなぞです。ギリシア神話で、スフィンクスが学芸の女神ムーサから授けられたとされているなぞなぞだということも知っていました。

　「えー？　ヒントは？」そう問いかけると、

　「じゃ、ヒントね」

　「うーんと、朝、昼、夜というのは一日じゃなくて、その人が生きているあいだということ！」

　「あ〜っ、その人とか言ったらだめだよ！」

　もうこの時点でネタバレしているのですが、

　「うーん……、もう少しヒントちょうだいよ」と言うと、

　「じゃあね、第2ヒント。朝は生まれてちょっとしたころってことかな」

　「ということは、生まれてちょっとしたら4本足で、その後は2本足になるっていうこと？」

　「そういうこと！」

　「でも、その後は3本足になるのかー」

　そのとき、みゆきが、

　「あれ？　このなぞなぞ間違っている」と言い出したのです。3人の子どもたちが相談を始めました。

　「えっ？　間違ってないよ」

　「だって、赤ちゃんのときは4本足で、それから2本足になるよ」

　「うーん、だって私のおじちゃん、3本足だよ」

　「おじいちゃんじゃないの？」

　「ううん。まだ30歳くらい。目が見えなくて杖をついているから」

あきが思い出したように、

「そう言えば、私の5年生のいとこも2本足じゃないかも」

「ないかも？って何本足になっているの？」

「タイヤだから、足かどうかわからない」

「タイヤ？」

「うん、その子は車いすに乗っているから」

「あ、そっかー」

なおがしばらく考えて、

「先生、このなぞなぞ、答えが出ないから、また今度ね。バイバーイ」

　なぞなぞ遊びとしての答えは、人間です。2年生の子どもたちは、身近な人をイメージして、人間の多様性に気づいたのです。そして、何よりもうれしかったのが、「このなぞなぞ、答えが出ないから」と言ったことです。まだまだ考え続けるというのです。子どもたちの会話や思考のなかに、人権学習でおさえたいねらいがすでにあります。

　学びとはそういうものだと思うのです。主体的な学び、気づきのある学び、仲間と話をして多様な意見や価値観にふれる学びには、自分に引き寄せ自分の問題として考えて行動化につなげる展望があります。

　一斉授業を否定する気はありませんが、授業者が授業時間のほとんどの時間を使ってしゃべり、説明し、子どもたちの聞いている時間が長くなることはありませんか。黒板に授業者がまとめていき、それを書き写す授業もよく見ますが、その黒板に書いている時間や書き写している時間、授業者のしゃべっている時間を子どもたちが考える時間に替えることで、もっと自分の問題に重ねて考える子どもがたくさん出てくるんじゃないかと思うのです。

　授業者が発問し、子どもが挙手して返答するという一問一答を繰り返す時間を、子どもたちを信じて託してみてはどうでしょうか。みんなが目的意識を持って課題を解決するために、ペア／グループあるいは歩きまわって仲間たちと話をするなかで考え合ったほうが、多様な意見に気づくはずです。多様な意見に触れることで、違いに気づき、比較し、理由づけした説明ができるようになり、自分の意見や価値観を構築していくことにもつながります。そして、固定観念や偏見をもつのではなく、多様性こそあたりまえの仲間づくりにもなると思うのです。

　授業で仲間づくりをするのです。子どもたちが学校で過ごす多くの時間は授業です。その授業に仲間づくりの軸を貫くことが大切だと思うのです。

● 「あたりまえ」って？ 　「普通」って？

　5年生の図工で、ペアの子の顔をお互いに見合って描こうという授業をしていました。描き始めてしばらくして私のところに、あきらとたかしがやって来ました。あきらが「先

生、たかしの勇気すごいよ」と言うのです。たかしは「だってあたりまえのことだから」と答えました。私は「勇気って？　あきらはどうしてそう思ったの？」と聞くと、「たかしがさー、自分の顔はそのまま描いてって言うんだもん。自分だったら、そんなこと言えないよ」と言います。たかしは「だってどうしようもないし、これがあたりまえだし。勇気とか言われたら、たしかに小さいころは嫌だったけど、今は『それがどうした？』と思うようになったし」。このやり取りを教室のみんなが聞いていました。

　たかしは、単純性血管腫という顔の広範囲に赤いあざのある子です。私は家庭訪問で、たかしや家族にとってはあたりまえのことが、まわりの人たちにとってはあたりまえでないことが多く、接し方に違和感を覚えるという話を聞いていました。見ないように、触れないようにしているように感じるというのです。

　鉛筆をいったん置き、みんなで「なぜ顔を描かれることに勇気が必要になってしまうのか。なぜ勇気がいると感じているのか」について考えました。話のなかで配慮という言葉も出てきました。その配慮って誰がどういう理由で行った配慮なのか、その人の話を聞いたうえでの配慮だったのかといった話にもなりました。たかしの話をきっかけに、一人ひとりが自分に重ねて考え、意見を出していました。たかしが「今まで言いにくかった自分の顔のことを話せたし、みんなで考えられてよかった」と語ってくれたのもうれしかったです。

　あたりまえや普通という感覚や考えは、暮らしのなかや経験、家族も含めた人との関わりによって生まれ、作られ、刷り込まれているものだと思います。普段はあたりまえや普通のことだと思っているから意識しないと思うのですが、立ち止まって問い直したいのです。あたりまえとは、誰にとってのあたりまえなのか、どういう人にとってのあたりまえなのか。普通とは誰を基準にした普通なのか。そもそもどうしてそれがあたりまえや普通と捉えられているのかを考えることは、価値観や差別意識に気づいていくことになるのではないかと思うのです。社会を構成している私たち一人ひとりが、そのように意識して考えなければならないと思うのです。

　身のまわりのあたりまえとか普通と言われていることを問い直すことは、思い込み、決めつけているのはなぜかを問うことになります。部落問題でいうならば、「あの人は部落の人で……」というときの部落の人と規定しているものは何なのか。「私は部落の人ではないんだけどね……」というときの部落の人ではないと決めている理由や根拠は何なのか。そこを問うことこそが部落問題のおかしさに気づき、誰もが関係者であることを認識することにつながると思っています。そのために身近なあたりまえを疑うことから始めませんかと、授業ネタで問題提起することにしたのです。

　「部落の人」「部落でない人」と言っている自分がもしいるのであれば、どこで線を引いてそのように規定して言っているのか、その部落認識を問い直してみてもいいのではないでしょうか。

## ●子どもの反応に応じて変わってきた部落問題学習

部落問題学習の授業の一場面です。

「じゃあ、このことについて考えてみましょう」

子どもたちが資料をもとに考え、ワークシートに書き始めます。

「あー、Aさん、そこは□□というより△△なんじゃないかなー」

「Bさん、それは違うかなー。この文をもう一度よく読んでごらんよ」

「すごい、それ正解。Cさんは□ページの△行めに注目しているね」

　これまで部落問題学習の授業をたくさん見てきました。私も何度もやってきました。授業で子どもたちが考えたり話し合う場面で、支援のつもりだと思いますが、授業者が指示し「ヒント」をつぶやく姿をよく見てきました。その結果、その「ヒント」によって子どもたちの考える力や発想力や創造力を奪ってしまうことがあります。授業者が欲しがる答えに誘導していることもあります。私自身、そのような反省を繰り返してきました。もちろん、指示やヒントは大切で、おさえたい方向への軌道修正が必要とされるときもあります。

　ここで、部落問題学習を受けて大人になり、実践してきた教職員の一人として、これまでの部落問題学習のスタイルを振り返ってみたいと思います。

　部落問題学習は、時代とともにスタイルを変化させてきたと思います。かつて厳しい部落差別の現実と差別の歴史を中心に教えてきました。「差別されるかもしれないのだから、早めに自覚させて、いざというときに差別に負けない子に育てたい」という思いで、授業者も肩に力の入った「力技」といってもいいような授業も行われていたといっても過言ではなかったでしょう。同級生・同学年に対して「立場宣言」が行われていた学校もありました。被差別部落の子どもたちには、地域に解放学習会などの学ぶ機会もあった時代です。そのなかで「どうせ私たちなんか」「いつか差別されるかもしれない」「どうして差別されるところに生まれたのか」と被差別の立場にある子の顔が上がらない状況も生まれていました。

　私の経験では小中学生だった1970年代から80年代は、副読本を読んで学んだり、副読本をノートに視写する授業がほとんどでした。自分の価値観が問われるようなことはあまりなく、世の中にはそういうこともあるんだという印象でした。年に一回ほど啓発映画を観ることがありました。声を荒げて怒るシーンや涙のシーン、貧しい暮らしのシーンが、降りしきる雨のなかやおどろおどろしいBGMとともに映されていました。印象は、暗い、昔の話、遠いどこかの話で、感想には「差別はよくないと思いました」「どうして差別されていたんだろう」といったことを書いていた覚えがあります。

　部活の試合で遠征に出かけた先の中学校に狭山差別裁判についての立て看板があって、驚きました。友だちと「どうしてこの学校にはあんな看板があるんだろう」と話したのを

覚えています。当時の私に関しては、部落問題学習を受けていた一人の子どもとして、被差別部落や部落問題にあまりいい印象をもっておらず、マイナスイメージで捉えてしまっていたように思います。

1990年代あたりから、マイナスイメージで捉えられてしまっていた状況を変えようと、プラスイメージで語る部落問題学習が主流となってきます。こんなすてきな人が被差別部落にいるとか、こんなにすてきな街なんだよといった内容の授業です。たしかに被差別の立場の子の顔は上がりました。自分の生まれ育った地域を誇れるように感じられたからです。しかし、どの地域の人々もそうですが、みんながみんなすてきな人ではありません。被差別部落の人たちがすてきな人である必要もありません。すてきな人や街にスポットライトを当てたに過ぎないのですが、子どもたちには「どうしてあんなにすてきな人や街が、差別されなきゃならないのか」と捉えられてしまうようになりました。すてきな人であっても差別されるという現実が、厚い壁のように子どもたちの前に立ちはだかって見えてしまうことになったのです。

1990年代半ばあたりから、別のアプローチの実践が探究されました。差別される人たちの痛みや怒りに少しでも想像力をめぐらし、模擬的に被差別の立場になって考えてみようとする実践です。できるだけ自分の問題として考えられるようにしたのです。しかも「歴史の話や遠いところの話ではない。あなた自身が考える問題ですよ」と実感を伴わせたいという願いから考えられた実践が多かったように思います。ワークショップ型の実践です。ただし、批判もありました。「その授業のときだけわかった気になるのではないか」「被差別の立場に立つなんて、できるわけがない。差別された気持ちなんて、その人にしかわからないのに」「たかがゲームやシミュレーションでどこまで理解が深まるのか。楽しんでいるだけではないのか」といった声が聞かれました。

また、道徳の授業で部落問題学習を実践していけばいいじゃないか、さらに発展させていくことも考えていこうじゃないかという動きもありました。それまでも道徳の時間に実践していた教職員もいて、時間を特設するよりも現実的ではないかと思われました。しかしながら、道徳のめざすねらいはどうしても心がけに終わってしまいます。部落差別をなくすように心がけることと、部落差別をなくすために行動することとは大きく違います。利害が絡んだときに、心がけでは弱いのです。差別することに加担しかねません。差別をなくすための行動をとれるようにするためには、道徳では限界があるのではないかといった批判がありました。

それまでも行われていましたが、2000年代に入り、教科書記述を使った授業展開が各地で行われるようになりました。とくに歴史教科書を使った実践が増えました。2002年3月末の「地域改善対策特別措置法」の終了を前にして、やはりすべての学校で実践される必要があるという考えのもとで行われるようになっていったのです。法律が終わりを告げると同時に部落差別が完全に解消するというものではない、差別する人がいれば被差別の

人が生起するという認識です。つまり、すべての子どもたちに部落問題学習が行われ、正しい部落問題認識を持てば、差別する人が減り、やがていなくなることになります。すべての学校で教科書が使われているのであれば、そこに書かれてあることをもとにどの学校でも実践できるということです。わざわざ特設の授業にしなくても、授業時数を増やさなくても、です。各地でさまざまな実践が行われ、実践集も作られていきました。

それでも法切れとともに、人権学習はするけれども部落問題学習は行わないという学校が出てきました。人権カリキュラムから部落問題を削除する学校や、教育委員会の部署名から同和という言葉が消えていくような市町村がありました。

2000年代後半から、部落問題を学ぶねらいは部落の歴史を学ぶのではなく、部落問題を解決するために学ぶのであり、自分ならどのような行動ができるのかに焦点化すべきではないかといった問題提起がなされてきました。行動化につなげる学習です。その切り口として、歴史学習をする学年だけでなく、さまざまな学年で、多様な教科で、多様な導入で授業が行われるようになりました。そして、「自分ならどうするか」と考える場面が設定されるようになりました。

2010年代に入り、アクティブラーニングや学び合いといわれるスタイルの授業が以前よりも注目されるようになります。1990年代にすでに実践されていた学習スタイルですが、OECD（経済協力開発機構）生徒の学習到達度調査（PISA）や全国学力・学習状況調査の結果からも、子どもたちの主体的で対話的な学びによって、学びそのものが深まることを期待されたからです。学習指導要領もその方向に舵を切りました。部落問題学習においては、かねてから「今の問題」「ここにある問題」「自分の問題」として捉えることが大切にされてきましたので、今回の方向性はまさに追い風といえるでしょう。

2018年から道徳が「特別の教科 道徳」となり、教科書も採択され使用されることになりました。現場では、教科書をどう使うのか、教科書でどう学ぶのか、評価をどうするのかといった混乱のなか、見切り発車のように進んでいます。教科書があり、それぞれの教材の目標設定がされている「特別の教科 道徳」で、部落問題学習をする余裕はほぼなく、教科書内容を週1時間こなしている現場も多いのが実状です。

2020年からは、主体的・対話的で深い学びのある授業が求められます。それは小学校から高校までのカリキュラムや授業スタイルの変革を求められたということです。大学受験の内容もセットで変わります。子どもたちがアクティブに学び続けるための授業創造を現場で行うことになります。もちろん、部落問題学習も子どもたちが主体的・対話的に学び、深く考える実践にしていけたらと思います。

なお、本書ではアクティブラーニングの手法を取り入れていますが、あくまで型の一例にすぎません。深い学びが得られるよう、アレンジを加えていただきたいと思います。参考までに、小説「破戒」のマンガ資料を使うネタでは、3つの型を提案しています。

部落問題学習の実践スタイルは、部落問題の状況や部落史研究の成果、そして子どもた

ちの反応に応じて変化してきましたが、変わらなかったことがあります。それは、部落問題学習の必要性と目的です。部落差別の現実から深く学ぶ授業であり、部落問題の解決のための授業です。ここは、ぶれずに進めたいものです。

## ●アウトプットできるか否か

「部落って何ですか？」
「どうして差別されることになったんですか？」
「いったい部落の人って、何がどう違うんですか？」
「そもそも授業のイメージがないのに、どう考えろって言うんですか？」
　若い教職員への部落問題学習の継承も課題となっています。自分自身が部落問題について学んでこなかったという教職員も増えています。学校現場は部落問題について、知ることから始めることが大切になってきています。それまで知っているだろうと思われていたことが共通認識されておらず、共通語として理解されていた言葉も通用しなくなっています。そして、教職員自身が自分に引き寄せて考えやすいように、身近なことをネタに考えることがアプローチとしては重要になってきています。
　フィールドワークに行くこともあるでしょう。研修会を受けることもあるでしょう。そこで見たこと聞いたこと、あるいは差別の現実がその教職員のどこかにインプットされたとして、いつ子どもたちにアウトプットするのでしょうか。あるいは、身近なところで部落問題に出会ったときに、反差別の立場でアウトプットできるでしょうか。私たちは学び続け、人権感覚を磨き続け、敏感でありたいと思います。教職員であるなら、反差別の授業を実践することで、子どもたちに部落問題のおかしさを伝え、一人でも多く行動できる子どもを育てていきたいものです。それは、世代にかかわらず、です。

## ●部落問題学習の仕掛けの工夫

　同僚から尋ねられたことがあります。
「教科書のこのページにこのように書かれているんですけど、どのように子どもたちに説明したらいいんでしょうか」
「説明ねー。説明するっていうことは、授業をするあなた自身は理解しているっていうことだよね」
「理解っていうか、指導書に書いてあったことはわかっています。それを、どううまく子どもに説明するのかを教えてほしいんです」
「なるほど。わかっているけど、うまく説明できないってことだね」
　６年生で学習する身分制の記述に関してのやり取りでした。子どもたちにうまく説明するために、わかりやすく工夫したいけどアイデアが浮かばないのか、自分が納得のいくように理解できないのか。話をするうちに、どうして低い身分といった縦の差別ではなく、

はじめに　9

排除されていたという横の差別なのかがわからないということでした。私からはある程度の説明をして「わからないことは自分で納得できるまで調べるほうがいいよ。子どもたちにだって、そのように調べさせたりするでしょ。それでもわからないことがあれば、また聞いてね。わからないことや知りたいことは、解決したくなるよね。本で調べてもいいし、他の同僚たちにも聞いてみたらどう？」と答えました。一見、突き放しているように見えるかもしれません。しかし、もやもやした課題を自分の力ですっきりさせることが学びになりますし、同僚に尋ねることで部落問題を職員室で話題にする絶好のチャンスにもなります。これも部落問題学習を進める仕掛けといえるでしょう。

　教科書記述に関しては、本文や写真や資料の説明で、紙面の限界はあるものの、教科書改訂ごとに部落史研究の成果や学校現場の意見が反映されてきました。ところが教職員の部落問題学習実践の継承が課題になってきた頃から、授業で子どもたちに対して「教科書にもこう書いてあるだろう」「その写真の説明にも書いてあるとおり。わかったかな」という場面をよく見かけるようになりました。教科書で部落問題学習を実践するというよりは、教科書を伝える授業者が増え、自ら調べ学ぶ教職員が減ってしまったという声をよく聞くようになりました。

　主体的に子どもたちが疑問や課題をもって学ぼうと仕掛けるのであれば、あえてたくさん提示せず、「ん？　なんだろう？」と興味を引き、関心を持たせるような工夫が必要です。これからの教科書や授業展開には、そういったことが求められるのかもしれません。

　子どもたちが部落問題について知りたいと思えるようなアレンジとは、「わざわざちょっと隠しておく」とか、「前に少し触れておいて（布石を打って）、後に似たような出し方をする」とか、「ちらっと見せて、子どもたちの想像を膨らませ、いろんな意見を出させて、そこにポーンっと課題を与えて、みんなで解決していく」といったものだと思います。あまりに抽象的な説明ですが、アレンジしてみて、子どもたちが自らの力で部落問題について考え始めたとき、行動化の一歩が踏み出されたといっていいと思います。教職員はそのような展開のできる授業者であったほうがいいと思います。仕掛けしだいで学びは深まります。

● **だからこそアクティブに「あたりまえ」を疑ってみよう**

　「今どき、部落差別なんてないでしょ」
　「そんなこといつまでも言っているから、部落差別はなくならないのよ」
　「差別なんて人間の本能みたいなもんだから、なくなるはずないよ」
　「差別されたくないのなら、引っ越せばいいのに」
　「私は友だちに部落の人がいるから、差別なんてしませんよ」
　いろいろな言い方がありますが、要は、「もう部落差別なんてない。あったとしても人間の本能だし、だったら差別するとこに住まなきゃいい。まぁ私は差別しませんけどね」

ということでしょうか。

　そのように考えている人に答えてもらいたいです。結婚する前や、付き合い始めるとき、付き合っているときに、好きな人・大切な人に自分の生まれたところや自分の血縁のことで悩み、震えるような思いをしなきゃいけないのは、なぜなのでしょうか。誰のせいなのでしょうか。

　自分の生まれ育ったふるさとを知られまいとして、一つ手前のバス停で降りる人、年賀状に自宅住所が書けない人、わが子に自らの立場についていつどのように伝えるか隠しておくかを悩んでいる人がいるのは、なぜなのでしょうか。誰のせいなのでしょうか。

　部落差別があるという事実や、その現実から目を背けたり、知らないふりをしたり、解決しようとしないことは、差別を助長し、後世に残すことになります。差別は人間がする行為ですから、誰もしなければ、解決します。しないようにしていかなければ、差別は残るのです。

　「差別を残しているのは、あなたです」。そう言いたいです。

　そのような人たちも含めて、多くの人に、とくに子どもたちに部落問題のおかしさに気づいてもらい、差別する人になってもらいたくないと思うからこそ、身近によくある、経験したことのある、ありがちな物事をテーマにすることで、取り組みやすくしたいと考えました。切り口はそれぞれ違いますが、部落問題につなげやすい展開にアレンジできます。身のまわりの「あたりまえ」を疑う部落問題学習をすることで、きっと主体的に考え、自分自身に引き寄せて考え、やがて行動化につながると考えています。

　これなら私のクラスでできそうだというネタから、ぜひやってほしいと思います。やってみることが、部落差別をしない子を育てる一歩となるはずです。

　さぁ、ともに一歩踏み出しましょう。

部落問題学習ネタつくろう会代表　星 野 勇 悟

部落問題学習の授業ネタ3　アクティブに「あたりまえ」を疑ってみよう……もくじ

**はじめに**……この本を活用してくださるみなさんへ　　3

**01**　**15のひみつ？**　龍安寺石庭の記述を使って　　14

**02**　**あなたならどうする？**　小説「破戒」を使って　　23

**03**　**この人になんと言う？**　小説「破戒」を使って　　37

**04**　**決めつけに、何ができる？**　小説「破戒」を使って　　40

**05**　**ライオンってだれ？**　絵本『おりとライオン』を使って　　43

**06**　**どこからがかわいそうって？**　教材「牛のかたき打ち」を使って　　47

**07**　**こっちからしたら向こう側**　教材「ふみ切り向こう」を使って　　50

**08**　**見えなくてこわいもの？**　絵本『マンマルさん』を使って　　56

**09**　**「いいからいいから」って言える？**　絵本『いいからいいから 5』を使って　　60

**10**　**そでのボタンは何に使う？**　　65

**11**　**「うつる病気」って本当にこわい？**　　71

**12**　**あなたの性格、ずばり当てます？**　　80

**13**　**血液型で決めちゃう？**　　86

**14**　**お肉をつくる人たち**　　94

**トーク**　**肉をつくる人**　　106

**おわりに**　　121

# 部落問題学習の授業ネタ ③

アクティブに「あたりまえ」を疑ってみよう

# 01 15のひみつ?
龍安寺石庭の記述を使って

## ねらい

- 龍安寺石庭と石に刻まれた清二郎と小太郎について知る。
- 清二郎と小太郎が庭石に名前を刻んだ心情について考える。
- 身のまわりにある数へのこだわりや慣習について知る。

## 授業の流れ

| 時間 | 学習活動 | 予想される子どもの反応 | 留意点・準備物 |
|---|---|---|---|
| 0分 | ●教科書を読む。 | | ●教科書の龍安寺石庭写真の注釈の「差別されつつも……」に着目させる。 |
| 5分 | ●「差別されていた……」部分から、具体的な「差別」について、ペア／グループで考え、話し合う。 | | |
| 10分 | ●ペア／グループで出てきたことを、全体で共有する。 | ●ふだんの暮らしのなかでいっしょにできないことがある。<br>●何かで分けられることがある。<br>●もらえるものに差がある。 | ●ペア／グループからの意見は板書せず、疑問点やひっかかる点があれば、ペア／グループの話し合いに戻す。<br>●「差別」の具体的な内容としては、「畏れられていた≒避けられていた」イメージでとらえられるようにする。<br>例：社会の外に位置づけられていた。 |

14

| | | | |
|---|---|---|---|
| 15分 | ●名前が刻まれた石があることを知り、その石について、ペア／グループで考え、話し合う。 | | ●庭師の補足説明<br>当時は水・石・岩・木・土などには自然界の霊力が宿っていると信じられていて、それらを動かすことは恐れられる行為だった。庭師は自然界の霊力を鎮め、ケガレをとることができたとも考えられる。<br>●石庭の写真から、「この庭の石に『小太郎・清二郎』の名前が彫られています。この2人がどのような人物かは不明で、庭師かどうかはわかりません」<br>●資料①② |
| 23分 | ●ペア／グループで出てきたことを、全体で共有する。 | ●何とか自分たちの作品であることを残しておきたかったのかな。<br>●庭師かどうかわからないけど、どうして刻まれた石があるのだろう。<br>●名前の刻まれた石をわざわざ運んで持ってくるのかな。 | ●ペア／グループからの意見は板書せず、疑問点やひっかかる点があれば、ペア／グループの話し合いに戻す。<br>＊庭に入れなかったら、名前が刻まれているかどうかなんてわからないのに、どうしてわかったんだろうという疑問が出てくれば、資料④を提示する。 |
| 30分 | **あたりまえを疑ってみよう**<br>●世界文化遺産でもある龍安寺石庭の岩が15個あることの意味について、ヒントをもとにペア／グループで考え、話し合う。 | | ●大小の岩の総数は15個だが、どこから見ても一度に15個すべてが見えないように配置されている。(14個に見える)<br>●資料③<br>ヒント<br>・七五三<br>・満月、十五夜<br>・三々九度 |

**01** 15のひみつ？

| 35分 | ●ペア／グループで出てきたことを、全体で共有する。 | ●すべてうまったときが15というような意味かな。<br>●15は完成した意味があって、でもどこから見ても14ということは、いつも未完成だから15をめざすみたいな意味かな。 | ●ここのペア／グループからの意見は板書する。疑問点やひっかかる点があれば、ペア／グループの話し合いに戻す。 |
|------|------|------|------|
| 40分 | ●ふりかえりを書く。 | | ●個人でふりかえりシートに記入させる。 |

## ・資料・

**❶ 龍安寺石庭の奥側(上)と入り口側(下)**

## ❷ 名前が刻まれている岩

## ❸ 15個の岩の配置と平面図

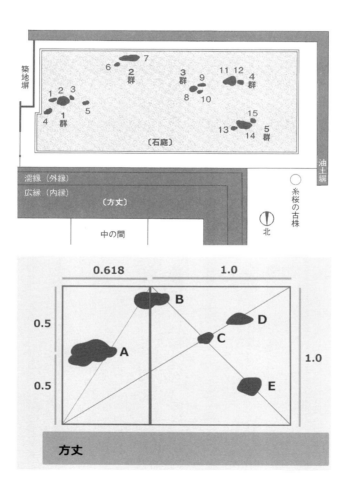

## ❹ 昔は庭に人が入ることができた？

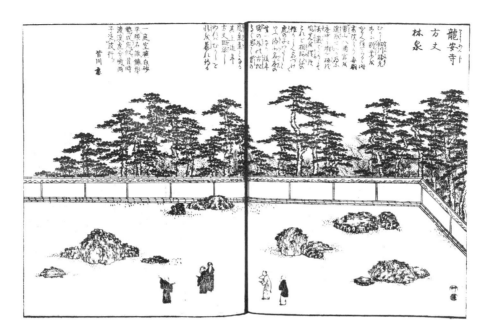

(「都林泉名勝圖會5巻」国立国会図書館所蔵デジタルコレクションより)

## ヒント

●「大事な学習だとはわかっているけど、時間が……」「よくわかっていない自分が授業をすることで、差別を助長することにはなりはしないだろうか……」など、これまでにも同僚たちや研修で出会った教職員のそのような声をたくさん聞いてきました。そのたびに「とにかくやってみることが大事だと思う」としか返せなかった自分がいます。やってみることが大事だといくら訴えても、「やってみよう」「やってみたい」と思ってもらわなければ実践は広がらない。どうすればその思いを広げることができるのかというひとつの打開策が「教科書をベースに部落問題学習に取り組む」プランの提案でした。

●社会科教科書をベースにして展開できそうな取り組みとしては、龍安寺石庭・解体新書・渋染一揆・水平社宣言・教科書無償化についてでした。それぞれの扱い方は写真の注釈であったりコラムであったりとさまざまでしたが、「教科書に記述がある」ということは、どの学校でも扱うということです。「時間が……」への解決策として基本的にどの授業も1時間（45分間）での展開をめざしました。

●「15のひみつ？」はそのときのプランをベースにしていますが、教職経験の少ない6年担任団が「取り組んでみたい」と声を掛けてくれたところから一緒に見直しながら取り組んだものです。まずは京都の龍安寺へ。「どこから見ても15個ある岩が14個にしか見えない」ことを実感しました。境内のある一定の場所からは15個すべてを見渡せることも体験。庭の周囲の壁の高さも遠近法を利用して奥行きが出るように高低差がつけられていることも発見しながら、「どんな思いで岩に名前を刻んだのか」とみんなで思いを馳せました。

●授業では石庭を見せるときに、そのときに撮った写真を活用しました。担任の先生が写っているというだけで、子どもたちは「えー、先生行ったの？」と反応をしてくれました。かつて先輩が「現地にフィールドワークに行ったら、必ず自分が写った写真を撮って、それを授業で使うようにしている。子どもたちの反応が資料の写真とは全然違うからね」と言っていたのを思い出しました。その授業に懸ける思いも伝わるのか、子どもたちの話を聞く姿もいつもより真剣な気がしました。

●授業を考えていて難しかったのは庭師への「畏れ」のイメージです。子どもたちに、蔑むとも排除するともニュアンスの異なる「畏れる」をどうつかませられるのか。樹や岩や土には精霊が宿っていて、動かしたり切ろうとしたらよくないことが起こるといったイメージもわかりにくいです。庭師には特別な力があって、樹を切ったり岩を動かしたりしてもそうしたよくないことが起こらない。そう信じられていたことで庭師への畏怖の念が高まったといった説明をわかりやすく子どもたちにイメージさせる方法については、いいやり方が見出せないまま説明するしかないという感じでした。今後の課題で

す。

●子どもたちの意見で興味深かったのが「どんな思いで清二郎と小太郎は岩に名前を刻んだのか」という問いに対して、「（岩の裏にある）自分たちの名前を誰かが見つけたってことは、その見つけた人も庭の中を歩いているし、岩を動かしたかもしれない。でもその人によくないことは何も起こらないと思う。清二郎も小太郎も、（名前を見つけたあなたと）同じように特別な能力なんてないんだよ。自分たち庭師はみんなと同じなんだよ。ということを伝えたかったと思う」と書いていた子どもがいたことです。教職員の予想では、「差別されているから目立つところには名前を残せないけど、自分たちの名前を伝えたい」とか、「自分たちの仕事に誇りをもっているから残したい」などの意見が出されるかなぁと思っていましたが、子どもたちの感性に驚かされました。

●「部落問題学習になぜ取り組むのか」という問いに、常に自問自答しながら授業を考えていくことも問われていると思います。学習を通して学んだことが「差別はいけない」で終わっていては差別を解消していく力につながらないことは、これまでのたくさんの実践から明らかになっているのではないでしょうか。また、「差別をしない」といったところで完結する問題ではありません。たしかにそうした実感の積み上げが、差別を拡大させることへの一定の抑止力になり得るかもしれません。が、今も厳然と残る差別に対してアプローチしていくところまでを見通さないかぎり、差別を解消していくことは難しいのではないかと思います。

●中世における権力者と被差別民の関係は、史料から芸術・芸能など文化技術を持った者を寵愛していた様子がうかがえます。

　「七日、大和猿楽児童、（中略）去比より大樹これを寵愛し、同席伝器す。此の如き散楽は乞食の所行なり。而るに賞翫近仕の条、世以て傾寄の由、財産を出し賜い、物を此児に与うるの人、大樹の所存に叶う。仍て大名等競いてこれを賞賜し、費、宮方に及ぶと云々。比興の事なり」（京都部落史研究所「後愚昧記」『京都の部落史 3 史料古代中世』p.523、阿吽社、1984 年）

　現代語訳
　「7 日、大和猿楽の子ども（世阿弥のこと）をいつのころからか将軍義満は寵愛し、同席させて食事をするようになった。このような雑芸能民は、乞食（のような被差別民）である。この者たちを近くに寄せて親しくし、財産を与え物を与えることを、将軍も望んでいるようである。そこで大名たちも競って物を与えて、費用がかかると言っている。これはおかしなことである」

●岩に名前を刻んだと伝えられている小太郎・清二郎が何を訴えたかったのかを考えることについてですが、「こんなに高い技術を持っているのに、どうして差別されなきゃいけないのか」という意見が子どもたちから出たときに、「では、それを裏返して考えると、高い技術を持っていなかったら差別されても仕方ないんでしょうか」と切り返したいものです。これは、解体新書の学習で出てくる虎松の祖父に対して子どもたちが考

えることも同様です。職に貴賤なし。その人の能力と差別とは別物（差別を合理化するものではない）ということを押さえておきたいです。

● 岩の裏に名前を刻むことは、そんなに深い意味はなく、画用紙の裏に記名することと同じだったかもしれません。実際のところはわからないことなので、子どもたちなりに想像して考えてみることが大切だと思います。

● 龍安寺の石庭はぜひ実際にご覧いただきたいと思います。1450（宝徳2）年、細川勝元が臨済宗の禅寺として建立し、石庭は枯山水の平庭になっています。「虎の子渡しの庭」と呼ばれます。5、2、3、2、3の5群、大小15の石が配置されていますが、どこから見ても14個しか見えないような配置になっています。15個の石は、虎がわが子を連れて龍に向かっている様子を表し、白砂は海または大河を表しているといわれています（他にも諸説あります）。室町末期の作庭であることはたしかですが、年次は不詳です。作庭者は相阿弥や金森宗和といわれていますが、これまた不詳です。

● 石庭が作られた時代には上流の遊戯として盆石が流行していました。盆の上に自然石を置くことで山々を表し、白砂をまき、羽根や小さなほうきで流れや波を描くことで、雄大な海や川を表します。このように盆石とは、自然がおりなすさまざまな表情を盆上に描くもので、日本古来の縮景芸術のひとつです。銀閣寺の銀沙灘は有名で、庭師の能阿弥、芸阿弥が石庭のミニチュアとして盆石を使ったといわれています。

＊盆石の動画（細川流盆石―BS朝日「知られざる京都1200年の旅」2011年12月13日放送分より）
URL https://www.youtube.com/watch?v=MvIunzbv8Bk

● 西洋庭園と日本庭園の違いについてもおもしろさがあります。一般的に西洋の庭園がシンメトリー（左右対称）にデザインされるのに対し、日本庭園では平面および立面的位置関係において、華道における花の配置に見られるような鈍角不等辺三角形を基本に構成されています。さらに、華道・生け花の構成理論で使われる「真・副・体」「主・副・控」「天・地・人」などの考え方と同様に、各々差をつけて主従関係を持たせるように石を配置します。これにより、大きいものはより大きく、小さいものはより小さく見せるというように、それぞれの個性を強調したり、変化をつけたり、欠点を補ったりしています。あるいは、手前に背の低い物体や奥に背の高い物体を配置することにより、遠近感や奥行き感のある演出を行うこともあるようです。

● 15の持つ意味についてですが、東洋では、「15」は完成された数、満ちた数を意味するといわれています。身近なところで考えてみると、十五夜満月、七五三／7＋5＋3＝15。身近ではないところでも、成人になったことを示す儀式である元服は15歳。三々九度（結婚の儀式）／3＋3＋9＝15。七五三や三々九度などは、諸説あるとは思いますが「お祝い事の完成」という意味もあるそうです。龍安寺石庭は、東から5、2、3、2、3の5群にわけて配置した簡素な構成ですが、見る人によって、大海の島々、激流の中の岩、雲上の高峰など、さまざまなものに見えるようです。

# 02 あなたならどうする？

## 小説「破戒」を使って

### 教材文

● 『破戒』（島崎藤村作、初版本）
● 『破戒―まんがで読破』（島崎藤村作、イーストプレス社、2007 年）

### ねらい

● 賤称廃止令（いわゆる「解放令」）以後も差別が残っていたことや、自分の出自を明かすか隠すかで悩む瀬川丑松の生き方を知る。
● 友だちとの意見交流を通して自分ならどうするのかを考え、差別に対する自分なりの考えをもち、今後の行動にどのようにつなげるかを考える。

### 授業の流れ

| 時間 | 学習活動 | 予想される子どもの反応 | 留意点・準備物 |
|---|---|---|---|
| 0分 | ● この授業の課題を確認する。 | | |
| | **課題**<br>クラスの全員が、資料①②③を読み自分の考えをノートにまとめ、感想や意見を 3 人以上に説明する。 | | |
| 5分 | ● 資料①を読み、ノートに書き、課題達成のための方法を考え、交流する。 | | ● 資料①、ワークシート①配布<br>● 賤称廃止令が出ても、自分たちで行動しなければ何も変わらなかったことを再度確認し、クラスの全員が課題を達成することを意識させる。 |

| | | | |
|---|---|---|---|
| | ●資料②③を読み、課題達成のために、相談しながら探究する。<br>●全員が課題を達成できるように学び合う。 | | ●資料②③、ワークシート②配布<br>●流れに沿って、自分たちで授業を進めていくことになるので、全員が課題を達成できるように声をかける。<br>●全体に広めたい意見を可視化し、関わりが広がるように意識する。<br>●活動の様子をよく見ておき、すべての子どもが自信をもって取り組めるように配慮する。 |
| 35分 | ●部落差別解消推進法のポスターから、現代にもつながることを伝え、1時間の学びについてのふりかえりを行う。 | | ●部落差別解消推進法のポスターを見せることで、現代にもつながることを意識させ、自分がもし部落差別をする発言や行動を見聞きしたときにどうするのかを考えさせる。<br>●1時間で自分自身がどんなことを学んだのかをふりかえらせる。 |

**資料**

● 小説「破戒」（初版本、青空文庫）

　https://www.aozora.gr.jp/cards/000158/files/1502_24633.html

＊資料①③には、賤称語である新平民、穢多という言葉が使われています。授業で資料として使用する際は、子どもたちの実態や既習事項に応じて作成しなおしてください。

# ● 資料 ●

**①　島崎藤村「破戒」(初版本)より作成**

## あらすじ

　瀬川丑松は、長野県の被差別部落に生まれ、師範学校（先生になるための学校）を出て、小学校の先生になりました。父親からは、出自（生まれた地名）を決して明かすなと言われていました。被差別部落出身だということで、住んでいる場所を追われた人をみて、自分もいたたまれず、別の理由をつけて住んでいる場所を変えたりしながら、被差別部落出身であることをさとられないように生活していました。賤称廃止令が出て、人は平等と唱えられましたが、被差別部落の人は差別され続けていました。当時、被差別部落出身者は「人種」がちがうという見方をされていたことを、この小説は示しています。

　被差別部落出身であることをかくして小学校の先生となった丑松の学校の先生仲間の間で、丑松が被差別部落出身ではないかとうわさが立ちはじめました。丑松の師範学校時代からの友人である土屋銀之助は、丑松が被差別部落の出身であるとはまったく知らずに、丑松をかばってそのうわさを否定し、次のように言いました。

　「僕だっていくらも新平民を見た。あの皮膚の色からして、普通の人間とは違っていらあね。そりゃあ、もう、新平民か新平民でないかは容貌で解る。それに君、社会から度外にされているもんだから、性質が非常に僻んでいるサ。まあ、新平民の中から男らしい毅然した青年なぞの産れやうがない。どうしてあんな手合が学問という方面に頭を擡げられるものか。それから推したって、瀬川君のことは解りそうなものじゃないか」

　ついに丑松は……

**02**あなたならどうする？　　25

## ❷ 『破戒―まんがで読破』(原作＝島崎藤村、イーストプレス社、2007年)より作成

### 主な登場人物

**瀬川丑松（せがわ うしまつ）**
父の教えを守り、自分の身分をかくし、小学校の教師として子どもたちにかこまれて幸せにくらしていたが、自らの出自（生まれた場所）のことでなやみ、苦しむ。

**土屋銀之助（つちや ぎんのすけ）**
丑松と同じ学校で働く仲間。師範学校（先生になるための学校）時代からの親友。正義感あふれる好青年。

**勝野（かつの）**
校長のきげんを取りながら、校長のまわりをチョロチョロしはなれない。出世することをねらっている。
校長とともに、丑松を追放しようとしている。

**校長**
丑松を優秀な教師だと思っているが、まわりから意見されて、丑松を追放しようと考え始める。

**猪子蓮太郎（いのこ れんたろう）**
新しい思想家として差別社会とたたかい、丑松に大きな影響をあたえている。

　息子である丑松の生活をさまたげないように身分をかくしひっそりとくらしていた父。その父が「出自（生まれた場所）をかくせ」と丑松に言い残し亡くなります。賤称廃止令が出て人は平等と唱えられましたが、被差別部落の人は差別され続けていたのです。小学校の先生として働いていたある日、町じゅうに丑松が被差別部落の人であるといううわさが広まります。その日の朝もいつもどおりに丑松は出勤してきました。そこで……。

## ③ 『破戒―まんがで読破』より作成

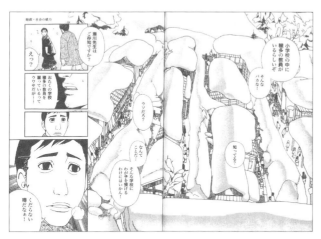

**ワークシート①**

クラスの全員が、「破戒（はかい）」を読み、感想を交流しノートにまとめる。また、その後差別をなくすためにどんな動きがあったのかを知る。

①資料をノートにはる。（次回も使います）

②「破戒」を読む。

③感想を交流し、ノートにまとめる。

④賤称（せんしょう）廃止令（はいしれい）以後、差別をなくすためにどのようなできごとが起こっていったのかを知る。

**ワークシート②**

クラスの全員が、「破戒(はかい)」を読み、問題の②〜③について、自分の考えをノートにまとめ、3人以上に説明する。(なっとくしてもらえたらサインをもらう。なっとくできない場合は、どこを疑問(ぎもん)に思うのかを聞き、修正してサインをもらう)

① 「破戒」をもう一度読む。

② あなたなら、このように言った銀之助(ぎんのすけ)に何と声をかけますか。

また、丑松(うしまつ)にどう声をかけますか。

校長先生にはどう声をかけますか。

③自分の出自を明かすのかかくすのかで悩(なや)まなければならない世の中について、どう思いますか。自分の考えを 100 字ていどでまとめましょう。

|  |  |  |  |  |  |  |  |  |  |
|---|---|---|---|---|---|---|---|---|---|
|  |  |  |  |  |  |  |  |  |  |
|  |  |  |  |  |  |  |  |  |  |
|  |  |  |  |  |  |  |  |  |  |
|  |  |  |  |  |  |  |  |  |  |
|  |  |  |  |  |  |  |  | 100 |  |  |
|  |  |  |  |  |  |  |  |  |  |

(120 字)

④ 3 人以上と交流し、なっとくしてもらえたらサインをもらう。

|  |  |  |
|---|---|---|
|  |  |  |

## ヒント

●「破戒」は、1906年に出版された島崎藤村の長編小説です。被差別部落出身の小学校教師、瀬川丑松が差別に苦しみ、ついに告白するまでを描いています。この「瀬川丑松の生き方」に迫り、自分ならどうするのかを考えていくことは、部落問題について自分の問題として考えていくことの入り口になるように思うのです。また、現代にも丑松のような思想はありますが、そのような気持ちを持たせているのは、まわりの状況であり、自分自身もそのような状況をつくってしまう一人になるかもしれないと考えることで、今後の生き方にも迫っていける教材であると考えます。

●ただ、小学生には難しい教材でしょう。いきなり「破戒」の授業をしても、理解しにくいかもしれません。しかし、1年間、歴史学習を通してちりばめるようにして部落問題学習を行っていくことで、心に響く子どもが必ずいるはずです（『部落問題学習の授業ネタ2』〈解放出版社〉を参照）。そのような子どもの考えがまわりに伝わることで、子どもたち一人ひとりにとって意味のある学習になっていくと思います。

●授業をつくるにあたって

「こう考えたんだよ」「そうなんだぁ」「ちょっと教えてほしい」「わかるかなぁ」……。一人ひとりの学びを大切にし、20～30年後につながるような授業とはどんな授業なのでしょうか。年間を通して部落問題学習を行うなかで、主体的・対話的に学び、差別について一人ひとりが考えていくにはどうすればいいかを考えてきました。部落問題に関わる記述は6年生の社会科教科書で多数登場します。江戸時代の身分・解体新書・渋染一揆・賤称廃止令・全国水平社など。ただ単に歴史を暗記していくのではなく、「自分はどう考えているのか」「相手はどう考えているのか」を考え話し合うことを大切にしたいと思っています。しかし、私自身今まで行ってきた部落問題学習の中心は、「発問し子どもが答える」というスタイルでした。班で考えることがあっても、それで本当に全員が課題に対して向き合っていたのかといえば、そうではないと思います。なぜなら、そこには教職員のコントロールが存在するからです。教職員のコントロールのもとにある授業で、本当に全員が課題を達成していけるのか、自分の考えを持てるようになるのか、将来につながる授業になっていくのか。少しずつ疑問に思うようになっていきました。また、子どもが学校で過ごす一日の大半は授業です。一人ひとりの20～30年後を見すえて授業づくりをしていくには、どのような授業がいいのか。主体的・対話的で深い学びを通して集団づくりをするためにはどうしていくのか。そこで、多様な人と関わる力をつけたり、折り合いをつける力をつけたりすることで、いろいろな人のことを認め合えるチームになっていくことを、授業を通してめざしてきました。人権をベースにするということは、全員の学びを保障することであり、一人ひとり

の未来の姿を考えることでもあるとも思います。そして、それは、部落問題学習でもできるはずです。そこをつきつめていったのが、今回の小説「破戒」の授業です。

●この実践を行う前提

　この実践には2つの前提があります。ひとつは年間を通して部落問題学習を行ってきたということ。『部落問題学習の授業ネタ2』などをもとに、子どもたちと部落問題について常に考え続けてきました。すべての単元において単元計画をつくり、見通しをもって進めてきました。もうひとつは、常に子どもたち中心の授業を行ってきたということ。「破戒」の授業を行った11月の時点では、もうほとんどの授業を子どもたちが主体的に進められるようになっていました。子どもたちには力があるのだと心から思います。

●実践してみて考えること

　小説「破戒」の授業では、子どもたち自身が主役になって考えます。昔話にならないように、「今にどうつながっているか」を実感させるためにもたくさんの場面で考えていきました。45分のうち35分以上は子どもたちの時間。『破戒―まんがで読破』を読み、自分の考えをまとめたり、まわりの人と交流したり、わからなかったら意見を聞きにいったりする時間となります。実際、自分でじっくり考える子どももいれば、サッと自分の考えをまとめて交流しにいく子ども、考えが思いつかないので先に友だちの考えを聞きにいく子ども。子どもたちの学びは多様でした。課題を全員が達成することを条件に、どう学ぶのかを自分自身で決定していくことが大事です。この授業を通しての子どもたちの考えは以下のようなものがありました。

A：私は、自分が命をもって生まれた誇れる場所をなんで隠さなければいけないんだと思うし、それを隠すということは、人間の誇りを隠すということだから、そんな世の中はおかしいと思う。

B：まず、出自を明かすのか隠すのかで、悩まなければならないようなこの時代は、おかしいと思う。まわりが差別していて、自分はしていないと思っていても気づいたら差別する側になっているかもしれないから、差別というものをなくしていけばいいと思う。

　この授業の最後に、部落問題は「今」につながっているということを感じさせるために、ポスターを見せました。ただ、ここで「自分自身にもこんなことあったなぁ」という今の自分自身につながる問いかけが最後に必要だったと思います。自分はどうなのか、自分自身の差別意識を見つめさせてからが本当の授業ということなのだと思います。もちろん、この2時間の授業をしたから劇的に変化があるとは思いません。そもそも、小説「破戒」の授業は小学生には難しいかもしれません。6年生の社会科資料集には、島崎藤村「破戒」と掲載してあるだけです。だからといって、何もしないままでいいのでしょうか。今後、大人になっていくにつれて、いろいろな地域の人と出会います。出会ったときやその後の付き合いにおいて、部落問題に関して学んできた子とそう

でない子の差は大きいのではないでしょうか。だからこそ、部落問題だけでなく、さまざまな人権課題について、主体的に考える機会が必要だと思っています。また、「部落問題学習」にしても「主体的・対話的で深い学び」にしても、年間を通して取り組みを続けていくことで、子どもたちに大きな変化があったことは事実です。

　当初から全員が学びに向かっていたわけではありません。指示されることに慣れている子どもたちは「これしていいの？」「あれしていいの？」とその都度聞いてきました。やがて実践を進めるなかで、自分たちが課題を達成するためには「こうしよう」「ああしよう」に変わっていきます。困ってる仲間がいれば「どうしたの？」「一緒にやろう」と声を掛けるようになります。「一人も見捨てない」ことが自分たちのためになることや学ぶことの楽しみになることを、体験を通して学んでいきました。授業中の様子は加速的に主体的・対話的に大きく変化したように思います。毎日の授業でどう未来に向けて学んでいくのか。一人ひとりの人権をベースにして考えたとき、「教職員の発問→挙手→発言」という従来の一斉授業を1日6時間続けていくことが、本当に効果があるのかを考える必要があると思います。一人ひとりの学びを保障するような授業をこれからもつくっていきたいと思います。

●部落問題学習を行う際には、差別の厳しさや貧困のみにスポットを当ててしまうと、結果として、「うちひしがれた被差別者」という印象を持たせてしまうことになってしまいがちです。そこで、この授業までの部落問題学習では、農業以外にもさまざまな産業に従事し、商・工業にも力を尽くして生産を担っていたことや、日本の生活文化の基本となる部分を形成してきたこと、そして、現在にもほぼそのまま通用する皮なめしの生産工程、現代でも世界的に評価の高い和太鼓の生産があることなどを学んできました。実際、江戸時代、人口増加のほとんどなかった農民と比べて、技術職に支えられた生産力によって被差別部落では人口が増加していた事実があります。ただ、この授業では「差別の厳しさ」が子どもたちの思考の中心になってくると思われます。そのようななか、人々はどのように差別意識を露呈させ、どのような立場・考え方で部落問題に関わってきたのだろうかということや、自分ならどうするかを考えることで、自分自身の生き方に迫っていきたいと思います。きっと、同じ時代の同じ地域でも、さまざまな人たちがいたでしょう。「差別に加担する人たち」「被差別者に協力したり、その解放に尽くしたりする人たち」。このような違いは、現在にもあてはまることで、「自分たちはどう生きていくのか」を子どもたちに問いかけることができればと思うのです。また、なぜ自分の出自を明かすか隠すのかで悩まなければならないのでしょうか。悩まなくてもいいことで悩まされることのおかしさに気づき、未来をつくっていく自分たちには、どんな社会（クラス）をつくっていけるのかを考えさせたいです。考えを出し合うことで、自分たちの暮らしにも目を向けることができればと思います。

# 03 この人になんと言う?

## 小説「破戒」を使って

### 教材文

● 『破戒』（島崎藤村作、初版本）
● 『破戒―まんがで読破』（島崎藤村作、イーストプレス社、2007 年）

### ねらい

● 賤称廃止令以後も差別のため、自分の出自を明かすか隠すかで悩む瀬川丑松の生き方を知る。
● 友だちとの意見交流を通して自分ならどうするのかを考え、差別に対する自分なりの考えをもち、今後の行動にどのようにつなげるかを考える。

### 授業の流れ

| 時間 | 学習活動 | 予想される子どもの反応 | 留意点・準備物 |
|---|---|---|---|
| 0 分 | ●資料を読み、マンガのなかから印象に残ったコマを一つ選び、選んだ理由をまず個人で考え、グループで意見交流する。 | | ●資料①～③配布 |
| 10 分 | ●グループで出てきたことを、全体で共有する。 | ●机の落書きのコマはショックだった。<br>●いじめだと思った。<br>●銀之助もひどいと思った。<br>●校長先生もちゃんと言い返してほしいと思った。 | ●グループからの意見は板書せず、疑問点やひっかかる点があれば、グループの話し合いに戻す。 |

| 15分 | ●登場人物に対して言いたいことについてまず個人で考え、グループで意見交流する。 | | ●マンガのコマに赤ペンで書き込ませてもいい。 |
|---|---|---|---|
| 20分 | ●グループで出てきたことを、全体で共有する。 | ●銀之助に、それは、かばったことになってないからと伝えたい。<br>●まわりの先生に、それでも先生かと言いたい。<br>●銀之助やまわりに言われたことなんか気にしなくていいと丑松に言いたい。 | ●グループからの意見は板書せず、疑問点やひっかかる点があれば、グループの話し合いに戻す。 |
| 25分 | ●今でもこのような部落差別は残っていて、自分の生まれ育ったところを隠したほうがいいのではないかと悩んでいる人たちがいます。そのような差別をなくしていくために必要なことや、自分たちにできることについて、グループで考え、話し合う。 | | |
| 35分 | ●グループで出てきたことを、全体で共有する。 | ●それはおかしいということが大切だと思う。<br>●自分がされたらと想像したらできないんじゃないかと思う。想像する力が必要だと思う。<br>●差別する人を捕まえたらいい。<br>●まわりからいじめをなくしていくことが大切だと思う。 | ●ここのグループからの意見は板書する。疑問点やひっかかる点があれば、グループの話し合いに戻す。 |

| | | ●学校でちゃんと部落差別っておかしいということを勉強することが必要だと思う。 | |
| 40分 | ●ふりかえりを書く。 | | ●個人でふりかえりシートに記入させる。 |

## 資料

●資料①〜③は「02　あなたならどうする？」の資料（25〜30ページ）と同じ。

**ヒント**

●このネタは、被差別部落とは何かについて学習してから行うことを想定しています。学習していないのであれば、資料をアレンジする必要があります。

●小学生だったときのわが子がこのマンガを読み、このシーンについて「この出てくる人に言いたいことがある」と、怒って話していました。赤ペンを渡し、これで書いてもいいよと言うと、マンガが汚れるからそれはしないと言っていました。授業のなかで、プリントを配布して他の子と交流させるとおもしろいだろうなぁと思い、このネタづくりに取りかかりました。

●自分自身が被差別部落にルーツがあると自覚している子にとっては、読むのがつらいシーンでもあると思います。子どもたちの反応を見ながら進めることが大切だと思います。

●丑松の学校の教職員の差別的な発言に対して、クラスの子どもたちが怒りをぶつけたり、おかしいと言える姿が見られたとしたら、それは被差別の立場を自覚している子にとって、とても力になると思います。

●どうして自分の生まれたところを隠して生きなければならないのか。それっておかしいと共通認識できれば、行動化につながる話し合いができると思います。そのためにも登場人物に対して言いたいことを思う存分語らせることが大事だと思っています。

# 04 決めつけに、何ができる?
## 小説「破戒」を使って

### 教材文
- 『破戒』(島崎藤村作、初版本)
- 『破戒―まんがで読破』(島崎藤村作、イーストプレス社、2007年)

### ねらい
- 賤称廃止令以後も差別のため、自分の出自を明かすか隠すかで悩む瀬川丑松の生き方を知る。
- 丑松や、丑松のまわりの行動に対して、自分なら何ができるのかについて考える。
- 友だちとの意見交流を通して自分ならどうするのかを考え、差別に対する自分なりの考えをもち、今後の行動にどのようにつなげるかを考える。

### 授業の流れ

| 時間 | 学習活動 | 予想される子どもの反応 | 留意点・準備物 |
|---|---|---|---|
| 0分 | ●資料を読む。 | | ●資料①〜③配布 |
| 10分 | ●丑松をかばって銀之助が丑松に掛けた言葉に対して、もしあなたがそこにいたならどのように言うかについて、ペア/グループで考え、話し合う。 | | ●マンガのコマに赤ペンで書き込ませてもいい。 |
| 15分 | ●ペア/グループで出てきたことを、全体で共有する。 | ●銀之助が言っていることは、まわりの先生たちが言っていたのと同じだよ。 | ●ペア/グループからの意見は板書せず、疑問点やひっかかる点があれば、ペア/グループ |

40

| | | ●かばっていることにならないじゃないか。 | の話し合いに戻す。 |
|---|---|---|---|
| 18分 | ●仕事を休み、布団を頭までかぶってしまった丑松にかけられる言葉があるとすれば、あなたならどのように言うかについて、ペア／グループで考え、話し合う。 | | ●マンガのコマに赤ペンで書き込ませてもいい。 |
| 25分 | ●ペア／グループで出てきたことを、全体で共有する。 | ●銀之助は間違っているんだから気にしなくていいよ。<br>●堂々としていたらいい。<br>●いっしょにまわりの先生に言ってあげるよ。 | ●ペア／グループからの意見は板書せず、疑問点やひっかかる点があれば、ペア／グループの話し合いに戻す。 |
| 30分 | **あたりまえを疑ってみよう**<br>●丑松や銀之助のように、まわりからの決めつけでいろいろ言われてしまっている人がいる場面にあなたがいたら、何ができるかについて、ペア／グループで考え、話し合う。 | | |
| 35分 | ●ペア／グループで出てきたことを、全体で共有する。 | ●それは決めつけだよと言う。<br>●決めつけで言っている人に、実際に見たのか、正しい情報なのかを聞く。<br>●まわりの人たちが決めつけに流されないように、何か言う。<br>●たくさんの人が言ってたら、言いづらいかもしれない。 | ●ここのペア／グループからの意見は板書する。疑問点やひっかかる点があれば、ペア／グループの話し合いに戻す。 |

| 40分 | ●ふりかえりを書く。 | | ●個人でふりかえりシートに記入させる。 |

●資料①〜③は「02　あなたならどうする？」の資料（25〜30ページ）と同じ。

### ヒント

- 丑松が布団を頭までかぶってしまうシーンが衝撃的で、ものすごく気持ちを重ねてしまいます。マンガではなく小説「破戒」を読んでいても、いつもそのシーンで読み進めなくなってしまいます。差別は人がうちひしがれてしまうくらいひどいことなんだということを子どもたちには知っておいてもらいたいし、仲間なら何ができるだろうということを考えさせたいです。
- 銀之助が丑松をかばおうとするシーンも、仲間として何ができるのかを考えさせられます。差別的なうわさを否定することで丑松のことをかばおうとしたのに、その行為が丑松を差別することになってしまう。そして、この当時の差別されていた人たちがどのような徴（しるし）をつけられ、みなされていたかが如実に顕（あら）われています。
- この授業ネタも被差別部落について学習していることを前提にしたものです。事前学習によっては資料などへのアレンジが必要です。
- この授業ネタでは、いじめや差別の場面に遭遇したときに自分に何ができるのかがいちばん問われます。見過ごしてしまうのか、静観してしまうのか、きっちりおかしいことに対しておかしいと言えるのか、誰かが言うまで待つのか。そのときの人間関係にもよるというようなことを言う子がいるかもしれません。大人の世界でもありがちなことです。しかし、決めつけられて傷ついている人の味方になれるかどうかは、そのときの行動によって決まります。見過ごしたり静観することは、差別する人に加担することになるということに気づかせたいものです。

# ⬥05 ライオンってだれ?
## 絵本『おりとライオン』を使って

## 教材文

● 絵本『おりとライオン』（樏大樹作、今井ヨージ絵、かもがわ出版、2018 年）

## ねらい

● 憲法は国民の暮らしをしばるものではなく、権力者の権力をしばるものであることを知る。
● 日本国憲法の学習につなげていくきっかけにする。

## 授業の流れ

| 時間 | 学習活動 | 予想される子どもの反応 | 留意点・準備物 |
|---|---|---|---|
| 0分 | ● 絵本『おりとライオン』を p.19 まで読みあいっこする。 | ● わぁ、大きな木にたくさんの動物が住んでいるよ。<br>● あれ、みんな好き勝手にしはじめたよ。 | ● 子どもに話しかけるように絵本を読む。<br>● 絵本のせりふ以外にもアドリブを十分に効かせる。<br>● 子どもの反応を必ず取り上げながら、読み進めていく。 |
| 10分 | ● 動物たちは、どうしてライオンに聞こえないようにひそひそと話すようになったのかについて、ペア／グループで考え、話し合う。 | | |
| 15分 | ● ペア／グループで出てきたことを、全体で共有する。 | ● ライオンにいろいろと問題を解決してもらってきたから。 | ● ペア／グループからの意見は板書せず、疑問点やひっかかる点があ |

**05 ライオンってだれ?**　43

| 時間 | 活動 | 予想される反応 | 留意点 |
|---|---|---|---|
| | | ●ライオンの世話になっていたから。<br>●ライオンが強くて、こわいから。 | れば、ペア／グループの話し合いに戻す。 |
| 18分 | ●絵本『おりとライオン』をp.20〜27まで読みあいっこする。 | | |
| 20分 | ●この話の大きな木は日本という国で、動物たちは日本に暮らしている人たちです。では、ライオンは日本でいうとどういう人なのかについて、ペア／グループで考え、話し合う。 | | |
| 25分 | ●ペア／グループで出てきたことを、全体で共有する。 | ●暴力をふるう人<br>●すごく力のある人<br>●みんなを説得できる人<br>●わがまま言う人 | ●ペア／グループからの意見は板書せず、疑問点やひっかかる点があれば、ペア／グループの話し合いに戻す。<br>●「ライオンは日本でいうと天皇、大臣、国会議員、裁判官と公務員です。これらの人たちは日本で暮らす人に対して権力をもっているのです」という説明をする。 |
| 30分 | **あたりまえを疑ってみよう**<br>●この後、動物たちはライオンをどのようにしたかについて、ペア／グループで考え、話し合う。 | | |
| 35分 | ●ペア／グループで出てきたことを、全体で共有する。 | ●ライオンが悪いことをしないようにおりに入れる。<br>●おりをこわされないようにする。 | ●ここのペア／グループからの意見は板書する。疑問点やひっかかる点があれば、ペア／グルー |

| | | ●どのようなおりにするか を、よく考えないといけ ない。 ●おりって何なんだろう。 | プの話し合いに戻す。 |
|---|---|---|---|
| 38分 | ●絵本『おりとライオン』 の p.28〜29 と p.34〜35 を読みあいっこする。 | | |
| 40分 | ●ふりかえりを書く。 | | ●個人でふりかえりシート に記入させる。 |

## 参考文献

●楾大樹『檻の中のライオン』（かもがわ出版、2016 年）

## ヒント

●絵本『おりとライオン』を読んで、とてもわかりやすく子どもたちに憲法や権力、権利のことを伝えられるという印象をもちました。『檻の中のライオン』（楾大樹、かもがわ出版、2016年）を読めば、さらに詳しく解説してあるので、ぜひ読んでいただきたいです。

●子どもたちは何かを決めるときに多数決をとって決めたがることがあります。まるでそれが公平公正な手続きで、いかにも民主的な決め方だと思っているようです。大人にもたまにいます。多数決が総意を反映するものでないことは学術的にも証明されており、より民主的で総意に近い決め方はボルダルール（投票者がすべての選択肢に対して、よいと思う順に点数をつけ、総得点が高い選択肢に決める方法）です。なお、憲法で基本的人権の尊重や平和主義が定められているのは、多数決で少数の意見が無視されたり、少数派の人権が踏みにじられたり、戦争を始めたりしないようにするためです。

●ライオンが私たち市民を見比べて、えこひいきしたり差別しないようにすることも憲法の大きな役目です。部落問題に関しては憲法14条の法の下の平等と22条の居住移転の自由・職業選択の自由は、まさにライオンを檻で囲って私たちを守っているものです。

●そして改憲論議が近年巻き起ころうとしていますが、99条に書かれているとおり、天皇や国務大臣、国会議員、裁判官その他の公務員は憲法を尊重し擁護する義務を負っています。国民が負っている義務は、檻が壊れないよう外から監視する義務です。改憲をするかしないかを決めるのは主権者である国民であって、ライオンが改憲して檻を改造しようとしたり、ルールを都合のいいように変えてはいけないのです。

●何より憲法とは何かについて、これまでは三権分立やそれぞれの権利について学習することにウエイトがおかれていたのではないでしょうか。これからは立憲主義とは何か、憲法の本来の目的とは何かについてまずしっかりと主体的に学んでおくことが大切だと思います。

# 06 どこからがかわいそうって？

## 教材「牛のかたき打ち」を使って

### 教材文

●『部落の語り伝え・牛のかたき打ち』（松崎武俊作、福岡部落史研究会、1979 年）

### ねらい

●「かわいそう」について考える。
●身のまわりの関係性についてふりかえる。

### 授業の流れ

| 時間 | 学習活動 | 予想される子どもの反応 | 留意点・準備物 |
|---|---|---|---|
| 0分 | ●「牛のかたき打ち」を読む。 | | ●教材文配布<br>●読み聞かせる。 |
| 5分 | ●次の文で見物人たちの様子が変わります。その理由について、ペア／グループで考え、話し合う。 | | ●提示文（2ページ目の下から9〜8行目）<br>●牛の鳴き声が小さくなるにつれて、今まで、「つけ」とヤジっていた見物人は、今度は牛のほうがかわいそうになってきた。 |
| 10分 | ●ペア／グループで出てきたことを、全体で共有する。 | ●牛が苦しそうな声をあげて鳴いたから。<br>●命の大切さを感じ始めたから。<br>●はじめは牛のかたきうちのはずだったし、恩知らずだからついてたけど、かわいそうになってきたから。 | ●ペア／グループからの意見は板書せず、疑問点やひっかかる点があれば、ペア／グループの話し合いに戻す。 |

| 時間 | | | |
|---|---|---|---|
| 13分 | ●かわいそうと思った見物人がいたということは、かわいそうに思わせた人がいたということになります。それはどのような人たちで、その人たちのことをどう思うかについて、ペア／グループで考え、話し合う。 | | |
| 18分 | ●ペア／グループで出てきたことを、全体で共有する。 | ●「むら」のもんが命令されてやらされた。<br>●断ればよかったのに。<br>●見物人も、はじめは「つけ」と言っていたのにずるい。<br>●憎らしく思われるなんてひどい。<br>でも、途中でつくのをやめてあげればよかったんじゃないか。 | ●ペア／グループからの意見は板書せず、疑問点やひっかかる点があれば、ペア／グループの話し合いに戻す。<br>●命令には逆らえない時代だったことも伝える。 |
| 21分 | ●動画を見る。<br>①あさり<br>②白魚<br>③牛 | | ●牛の解体の動画については、牛にノッキングして放血する直前までを見せる。 |
| 26分 | **あたりまえを疑ってみよう**<br>●3つの動画を見ましたが、どこからがかわいそうなのか。また、牛をつくように命令された「むら」のもんは「むごい」人なのかについて、ペア／グループで考え、話し合う。 | | |
| 31分 | ●ペア／グループで出てきたことを、全体で共有する。 | ●命令されていたんだから「むごい」ことなんてない。<br>●かわいそうって、人によって感じ方が違う。 | ●ここのペア／グループからの意見は板書する。疑問点やひっかかる点があれば、ペア／グループの話し合いに戻す。 |

| 40分 | ●ふりかえりを書く。 | | ●個人でふりかえりシートに記入させる。 |

##  資料

- 教材「牛のかたきうち」大分県教育委員会からダウンロードできる。
  https://www.pref.oita.jp/uploaded/attachment/2049011.pdf
- 動画

①あさり
「あさりの酒蒸し」の料理動画
https://www.youtube.com/watch?v=6C_sLHKJX1w&feature=share

②白魚
「白魚の踊り食い」の料理動画
https://youtu.be/4SK--mvGJwU

③牛
「牛の解体」の動画「960日のいのち」
https://youtu.be/r7LWt4okZOU)

## ヒント

●授業のポイントとして、近世の差別の現実については、あえて押さえなおさなくても、教材本文から考えさせることによって差別について考えるほうがいいと思います。近世の差別について教員が説明をし始めると子どもたちは聞くだけになりがちですし、押さえたところで「昔の話」になってしまうおそれもあります。とくに小学6年生以降でやる場合、歴史学習の学びをふりかえる（再度押さえなおす）時間を費やすことで、子どもの思考が教材本文から離れる時間が多くなるのも、もったいないです。

●「かわいそうの裏側を考える」「かわいそうってどこから？」「かわいそうって人それぞれ」ということに気づかせ、考えることが大切だと思います。

●動画については、事前に教職員が見てどこからどこまでを見せるか、もっといい動画はないかなどアレンジしてください。

●子どもたちから出てくる「かわいそう」を否定しないようにしたいものです。湧いてきてもいい感情・気持ちですから。

# こっちからしたら向こう側
### 教材「ふみ切り向こう」を使って

## 教材文
- 「ふみ切り向こう」（奈良県同和教育研究協議会編『なかま・5年用：81年版』より）

## ねらい
- 生まれ育ったところによって差別することのおかしさに気づく。

## 授業の流れ

| 時間 | 学習活動 | 予想される子どもの反応 | 留意点・準備物 |
|---|---|---|---|
| 0分 | ●「ふみ切り向こう」を読む。 | | ●教材文配布<br>●読み聞かせる。 |
| 5分 | ●(A)の文の一雄の涙の理由について、ペア／グループで考え、話し合う。 | | ●(A)の文（1ページ目の下から4〜3行目）「クソッ！」と思ったけれど、涙が、ポロポロ出てきた。 |
| 10分 | ●ペア／グループで出てきたことを、全体で共有する。 | ●くやしいんじゃないかな。<br>●なんでそんなことをするんだろう。<br>●言い返せばいいのに。<br>●これは腹が立ってもしょうがない。<br>●手を出すのは悪い。 | ●ペア／グループからの意見は板書せず、疑問点やひっかかる点があれば、ペア／グループの話し合いに戻す。 |
| 13分 | ●(B)の文のサヨが友だちからされたことと、サヨが泣いた理由につい | | ●(B)の文（2ページ目の下から13行目〜10行目）仕事が終わってから友だ |

| 時間 | 活動 | 予想される反応 | 指導上の留意点・教材文 |
|---|---|---|---|
|  | て、ペア／グループで考え、話し合う。 |  | ちと映画に行く約束をしていた。そして、映画の帰り、ケーキを買って帰ろうと思っていた。でも、仕事が終わっても、友だちはさそってくれなかった。それどころか、「サヨちゃんは『ふみ切り向こう』でしょ。帰りが遅くなるでしょ」と言って、他の友だちと映画に行ってしまった。 |
| 18分 | ●ペア／グループで出てきたことを、全体で共有する。 | ●「ふみ切り向こう」って何だろう。<br>●約束しなければよかったのに。<br>●こんな裏切り方はひどい。<br>●こんな友だちは本当の友だちじゃない。<br>●すごく悲しいと思う。 | ●ペア／グループからの意見は板書せず、疑問点やひっかかる点があれば、ペア／グループの話し合いに戻す。 |
| 21分 | ●(C)の文の父ちゃんの怒りの理由について、ペア／グループで考え、話し合う。 |  | ●(C)の文（2ページ目の下から5行目〜最後の行）<br>「サヨだけじゃない、父ちゃんだって子どものころ、なんぼバカにされたかわからん。ここの者が道を歩いていただけで、『ふみ切り向こう』とバカにされた。父ちゃんたちは、腹がたって石をぶつけてやったこともある。腹がたって石をぶつけるやつよりも、人をバカにするやつの方が、まず、先に悪いんだ」。父ちゃんの声は、びっくりするほど強く大きかった。 |
| 26分 | ●ペア／グループで出てきたことを、全体で共有する。 | ●この人たちの住んでいるところって、何があるんだろう。 | ●ペア／グループからの意見は板書せず、疑問点やひっかかる点があ |

| | | | |
|---|---|---|---|
| | | ●どうして昔からバカにされているんだろう。<br>●親もされていたなんてひどい。<br>●長い間され続けるなんて悲しい。 | れば、ペア／グループの話し合いに戻す。 |
| 29分 | **あたりまえを疑ってみよう**<br>●一雄の地区（の人）を「ふみ切り向こう」という言い方（呼び方）をするのはなぜだろう？ペア／グループで考え、話し合う。 | | |
| 32分 | ●ペア／グループで出てきたことを、全体で共有する。 | ●ふみ切りの向こう側だからかな。<br>●よくわからない。<br>●何かが違うのかな。<br>●ふみ切りの向こうとこっち側では何かが違うのかな。 | ●ここのペア／グループからの意見は板書する。疑問点やひっかかる点があれば、ペア／グループの話し合いに戻す。 |
| 40分 | ●ふりかえりを書く。 | | ●個人でふりかえりシートに記入させる。 |

教材「ふみ切り向こう」は、奈良県同和教育研究協議会編『なかま・5年用：81年版』に掲載されているものだが、大分県教育委員会からダウンロードできる。
https://www.pref.oita.jp/uploaded/attachment/2048965.pdf

## ヒント

●この教材のポイントとなるところとしては、次の11点だと思っています。

①毎日父ちゃんの手伝いで、ずっと学校に行ってなかった

➡子どもが労働力とならざるを得ない貧しい暮らしが想像できる。

②ピッチャーをやっていた背の高い子が、

「おい！ 『ふみ切り向こう』のものだろう。場所かさねえど」

と大きな声でどなった。

➡地域名があるのに「ふみ切り向こう」という呼び方をすること・されることの問題と、いっしょに野球をしない問題。ただし、すでにとなりの地区の子たちだけで野球が楽しめていたのなら、途中からいっしょにやるという話にはなりにくいかもしれない。

③一雄たちは、野球の道具を持っていなかった。こうちゃんがボールをひとつ持っているだけだ。

➡道具を持てない経済力と厳しい生活が想像できる（こうちゃんやよっちゃんも）。

④「『ふみ切り向こう』のやつは、『ふみ切り向こう』でやったらいいんだ」と言って、そのなかの1人が、こうちゃんのボールを茶畑の中に投げてしまった。

➡一雄たちの地区に野球ができる空き地があったのだろうか。なかったとしたら、ただの嫌がらせということになる。ボールを投げ返さずに茶畑に投げるという行為は嫌がらせでしかない。

⑤「こらぁ！ どうしてそんなことするんだ」と言うと、投げた子のそばに走って行って肩をついた。

➡怒りはわかるが、肩をつくことはよくない。

⑥ピッチャーをやっていた子が、とんできて、一雄を後ろからつきたおした。

➡味方としてやり返した。一雄たちがそのような立場なら、やはりそのようにしたのではないか。

⑦「おまえら、後から来たんじゃないかよ。『ふみ切り向こう』のやつと試合なんかしないぞ。帰れ。帰れ」とどなった。

➡先にやっていたとなりの地区の子たちが自分たちの地区の空き地で楽しく野球をしていたとしたら、このように言うのはわからないでもない。「ふみ切り向こう」のやつという言い方は問題がある。

⑧「クソッ！」と思ったけれど、涙が、ポロポロ出てきた。

➡この涙の理由について子どもたちと深く考えたい。

⑨風呂場の小さな鏡で化粧しながら

➡風呂場で化粧しなければならない経済力と厳しい生活が想像できる。

**07**こっちからしたら向こう側　　53

⑩仕事が終わってから友だちと映画に行く約束をしていた。そして、映画の帰り、ケーキを買って帰ろうと思っていた。でも、仕事が終わっても、友だちはさそってくれなかった。それどころか、「サヨちゃんは『ふみ切り向こう』でしょ。帰りが遅くなるでしょ」と言って、他の友だちと映画に行ってしまった。

➡約束をしていたのに破られた。「ふみ切り向こう」という言い方の問題。帰りが遅くなるといっても、さほど変わらないだろう。他の友だちとなら映画に行くという問題。サヨの涙の理由について子どもたちと深く考えたい。

⑪「サヨだけじゃない、父ちゃんだって子どものころ、なんぼバカにされたかわからん。ここの者が道を歩いていただけで、『ふみ切り向こう』とバカにされた。父ちゃんたちは、腹がたって石をぶつけてやったこともある。腹がたって石をぶつけるやつよりも、人をバカにするやつのほうが、まず、先に悪いんだ」

　父ちゃんの声は、びっくりするほど強く大きかった。

➡一雄たちの地区の人たちがずいぶん前からバカにされていたことがわかる。父ちゃんの怒りの強さが想像できる。この怒りについて子どもたちと深く考えたい。

●子どもたちに考えさせるポイントは、次の3つにしぼっています。
①子どもたちといっしょに教材文を読み解く。
②涙の理由と怒りについて考える。
③自分の身のまわりをふりかえる。

　教材文を読み解く時間をできるだけ短くして、子どもの思考が教材本文から離れないようにしながら（教材文に時々戻しながら）、ペア／グループで考え話し合わせます。

　あまり多くのことに迫ると、子どもの思考は停止し、初めから答えのわかっている「差別はよくない」という方向にもっていく授業になってしまいがちなので、多くても3つにしぼります。

●一雄たちが言い返さなかった（言い返せなかった）ことについては考えさせないようにしています。その理由は、
①言い返さなかった（言い返せなかった）とは、教材文のどこにも書いていない。
②一雄は言い返すよりも先に手を出してしまっている。
③たしかにその地域に生まれたことは「言い返したくてもどうにもならないこと」「本人の力ではどうしようもないこと」である。部落差別は、された側の問題ではなく、する人の問題であることに迫りたいということなら、一雄たちが言い返さなかったことを切り口に考えようとすることには限界性がある。そもそも言い返さない（言い返せない）のは「言ってもしょうがないこと」「言われてもしょうがないこと」という、行動化につながりにくい思考過程に陥りがちになってしまう。
④最終的に差別をなくすには誰がどうしなければならないのかという、子ども発信ではなく、教員の補助発問を出さざるを得なくなる。いわば、力技で思考を転換する必要性が出てくる。

⑤一雄とサヨの涙の理由と、父ちゃんの怒りについて考え話し合い、自分の身のまわりをふりかえることを通して、部落差別（や、いじめ・仲間はずれ）はする人が作り出していることが明らかになってくる。子どもたちが主体的に考えて行動化につなげる話が出てくるような必然性のある授業にする必要がある。授業者はあまりしゃべらず、子どもたちにたっぷり時間を保障し、自分の言葉で語らせるようにしたほうがいい。

●授業をした後のふりかえりでは、6年生の子どもたちはこのようなことを書いていました。

・「ふみ切り向こう」の人に対して、「ふみ切りこっち」の人はばかにしていて腹が立った。生まれてきた所はたまたまだし、ふみ切りの向こうかこっちかで差別するのはおかしいし、こっちの人は向こうの人のつらさを想像できないのかなぁと思います。

・生まれてきた場所がどうのこうの言って、いろいろ言ったりやったりするなんて信じられない。私はしないし、そういう人を見たらそれはおかしいと言います。

・人は生まれたいところに生まれてくるなんてことはありません。だからばかにするのはぜったいにおかしいです。

・差別する人がいるから、悩まなきゃいけないことや泣きたくなることがあると思います。悪いのは差別してくるふみ切りのこっちのほうです。

・自分では差別しているつもりはないけど、もし無意識にやっていることがあるとすれば気を付けたいなぁと思いました。それに差別している人がいれば止めたいと思います。

・そもそもふみ切り向こうって誰がいちばん最初に言ったんだろうって思いました。

　子どもたちはペア／グループで「自分だったら」「身のまわりにあったら」と身近な問題に引き寄せて考えていました。そのように考えやすい教材だと思います。

# 見えなくてこわいもの？
## 絵本『マンマルさん』を使って

### 教材文
- 絵本『マンマルさん』（マック・バーネット作、ジョン・クラッセン絵、長谷川義史訳、クレヨンハウス、2019年）

### ねらい
- こわいと思い込み、避けることについて考える。
- 決めつけず、知ることが大切なことを知る。

### 授業の流れ

| 時間 | 学習活動 | 予想される子どもの反応 | 留意点・準備物 |
|---|---|---|---|
| 0分 | ●絵本『マンマルさん』を読みあいっこする。（たきのむこうがわの「『なんで そんな あかんのん？』へんじ あれへん。」まで） | ●シカクさんは隠れてなかったんだ。<br>●サンカクさん、滝の裏に行っちゃった。<br>●マンマルさんは、どこまで行くのかな。 | ●子どもに話しかけるように絵本を読む。<br>●絵本のせりふ以外にもアドリブを十分に効かせる。<br>●子どもの反応を必ず取り上げながら、読み進めていく。 |
| 10分 | ●マンマルさんがサンカクさんを見つけたと思って話しかけた言葉について、ペア／グループで考え、話し合う。 | | |
| 15分 | ●ペア／グループで出てきたことを、全体で共有する。 | ●約束を守らなかったサンカクさんはよくないと思う。 | ●ペア／グループからの意見は板書せず、疑問点やひっかかる点があ |

| 時間 | 活動 | 予想される反応 | 留意点 |
|---|---|---|---|
| | | ●いつも無茶苦茶にするサンカクさんが悪いと思う。<br>●いつもされていたら腹が立つと思う。 | れば、ペア／グループの話し合いに戻す。 |
| 18分 | ●絵本『マンマルさん』を読みあいっこする。（続きから最後まで） | | |
| 20分 | ●マンマルさんの「くらやみのなかにいたのはわるいもんやなかったかも。ええもんやったかもしれんわ。ようみえへんかったもん」という言葉を聞いて、あなたがマンマルさんならどうするかについて、ペア／グループで考え、話し合う。 | | ●ペア／グループからの意見は板書せず、疑問点やひっかかる点があれば、ペア／グループの話し合いに戻す。 |
| 25分 | ●ペア／グループで出てきたことを、全体で共有する。 | ●きみだれ？と聞く。<br>●話してみる。<br>●いっしょに滝の外に出てみる。 | |
| 30分 | **あたりまえを疑ってみよう**<br>●相手のことをよく知らないのに、こわがって逃げたり避けたりすることについて、ペア／グループで考え、話し合う。 | | |
| 35分 | ●ペア／グループで出てきたことを、全体で共有する。 | ●自分が逃げられた側だったら、すごく嫌な気持ちになる。<br>●ちゃんと見てほしい。<br>●知らないくせにと思う。<br>●こわいものと思い込んでいるから、こんなことになる。 | ●ここのペア／グループからの意見は板書する。疑問点やひっかかる点があれば、ペア／グループの話し合いに戻す。 |

| 40分 | ●ふりかえりを書く。 | | ●個人でふりえりシートに記入させる。 |

## ヒント

●「読みあいっこ」というのは、読み聞かせとはちょっと違います。読み聞かせは、絵本を開きながら、ひたすら読んでいきますよね、聞かせていきます。読みあいっこは、めくって、子どもらがワイワイガヤガヤ何やかんや言ってくるのを、いちいち受け止めます。受け止めて、「あ、そうなん？」とか「どうかなあ」とか言いながら、話をしながら、キャッチボールしながら進めていくのを「読みあいっこ」と言っています。

●子どものつぶやきを大切にします。あの子がこのような感じ方をするんだなとか、あの子はこのように物事を見ているんだなということがわかってくるのです。つぶやきを大切にすることは、子どもへの見方が変わることでもあるのです。ただし、同じ子ばかりを受け止めることのないようにしたいものです。

●「読みあいっこ」しながら、子どもが仲間としてつながることを目的とします。仲間づくりは、部落問題学習をするうえでとても大事で、絵本でつながるためには、読み聞かせでは難しいと考えています（参考書籍：『絵本と子育てのおいしい関係』林田鈴枝、解放出版社参照）。

●こわいと決めつけられて逃げることについて考えるなかで、そのようにされた人の気持ちや、した人の気持ちを想像してみて話し合うと、決めつけがどれだけ人と人との関係性に影響を及ぼすかに気づきます。

●日ごろから約束を守らずいつも無茶苦茶にするサンカクさんについて思っていることをマンマルさんが話す場面は、私たちの身のまわりに置き換えて考えるとこわいなぁと思います。サンカクさんに思いを伝えているつもりが、その相手が暗くて誰だかわからないなかで話しているのですから。まるで、SNSでネット上に誰かのことを拡散しているかのようです。おそらくマンマルさんにサンカクさんのことを伝えられた人は、サンカクさんのことをマイナスイメージで捉えたでしょう。もしサンカクさんの身近な人だったなら、その人からサンカクさんに情報が伝わり、マンマルさんとサンカクさんの関係がぎくしゃくしたものになっていたかもしれません。そのようなことって、身のまわりに起こっているのではないでしょうか。考えさせられる場面です。

●マンマルさんがサンカクさんだと思い込んでいて「ごめんやで　ちょっといいすぎてしもた」と謝った場面は、とげとげ言葉の後のふわふわ言葉のような場面です。子どもたちは「マンマルさんって謝れるから勇気があるなぁ」「マンマルさんのすぐ謝れると

ころがいい」と言っていました。「マンマルさんみたいに、自分の悪かったところを認めて、相手に謝れる人になりたいね」と共有しました。

●マンマルさんの滝の向こう側が真っ暗というのがポイントで、話し相手が誰かを判断できません。話してみないとわからない状態で、話しかけているのに相手の返事がないのです。相手にしてみたら、聞き覚えのない声で話しかけられ、よくわからない話や、違う名前で話しかけられているのですから、返事のしようがないのかもしれません。子どもたちからは「私はサンカクさんじゃないよって、返事をしてあげたらいいのに」という意見もありました。

●私たちの身のまわりでも「あの人たちはこわい」「あそこらへんの人はこわい」と言われることがあります。部落差別の表れ方の一つでもあります。集団や血縁や場所で人をくくって、その人自身を知ろうとせずに決めつけることが、どれだけ恐ろしいことか。私たちはこのような絵本からも部落問題について考える切り口にすることができます。

# 「いいからいいから」って言える?
### 絵本『いいからいいから 5』を使って

### 教材文
- 絵本『いいからいいから 5』(長谷川義史作、絵本館、2018 年)

### ねらい
- 怒る／許せるは、一人ひとり・そのときの状況・関係性によって違うことに気づく。
- 誰もが許せないと思えることがどのようなことかを考え、自らの行動やまわりの関係性をふりかえる。

### 授業の流れ

| 時間 | 学習活動 | 予想される子どもの反応 | 留意点・準備物 |
|---|---|---|---|
| 0分 | ●絵本『いいからいから5』を読みあいっこする。 | ●わぁ、猫も驚いてるよ。<br>●お茶を飲んでるけど、あれは口じゃなくて目だよね。<br>●パンダ銭湯って書いてるよ。<br>●パンダが服を脱いでるよ。<br>●チャックもついてる。<br>●『いいからいいから2』のオバケがいるよ。 | ●子どもに話しかけるように絵本を読む。<br>●絵本のせりふ以外にもアドリブを十分に効かせる。<br>●子どもの反応を必ず取り上げながら、読み進めていく。<br>●子どもに答えを誘導しないようにする。 |
| 10分 | ●資料①②③について、あなたなら「いいからいいから」と答えられるかについて、ペア／グループで考え、話し合う。 | | ●資料①②③を提示あるいは配布する。 |

| | | | |
|---|---|---|---|
| 15分 | ●ペア／グループで出てきたことを、全体で共有する。 | ●かわいくないと思っても、わざわざ言わなくていいのに。<br>●私は「いいからいいから」と言えると思ったけど、ペア／グループの子のなかには言えないという子もいた。<br>●資料③の場合は、私なら腹が立つ。 | ●ペア／グループからの意見は板書せず、疑問点やひっかかる点があれば、ペア／グループの話し合いに戻す。 |
| 20分 | ●資料④⑤について、あなたなら「いいからいいから」と答えられるかについて、ペア／グループで考え、話し合う。 | | ●資料④⑤を提示あるいは配布する。 |
| 25分 | ●ペア／グループで出てきたことを、全体で共有する。 | ●資料④は「ごめん」と言って謝ってくれたので、「いいからいいから」と言える。<br>●資料④の場合も、調子に乗るなよって思う。<br>●資料⑤のときも、「ごめん」と隣の子が言うのだったら「いいからいいから」と言ってあげる。<br>●資料⑤の場合は、隣の子が自分に罪をなすりつけたと思うから「いいからいいから」とは言いにくい。<br>●資料⑤は、勝手に自分の知らないところで、いろいろやってる気がするから、「いいからいいから」とは言えない。 | ●ペア／グループからの意見は板書せず、疑問点やひっかかる点があれば、ペア／グループの話し合いに戻す。<br>●「怒りの沸点」について伝える。「お湯を沸かすときに、お湯って湯気がパーッと出てきて、アツアツのお湯になる。そのアツアツの温度を沸点というんだけど、人間にも、怒ると沸々と沸き上がってくるものがあれば、湯気がパーッと出るような瞬間があるんだ。その怒りの始まりのとき、そこを沸点というんだけど、その怒りの沸点って一人ひとり違うんだよ」 |
| 30分 | **あたりまえを疑ってみよう** | | |

09「いいからいいから」って言える？　61

| | | | |
|---|---|---|---|
| | ●よくある身近なことで、ほとんどの人が「これは許せない」と思えることって、どのようなことだろう。ペア／グループで考え、話し合う。 | | |
| 35分 | ●ペア／グループで出てきたことを、全体で共有する。 | ●人を傷つける発言<br>●ケガさせたり、命にかかわること<br>●SNSで嫌なことを陰で言われること | ●ここのペア／グループからの意見は板書する。疑問点やひっかかる点があれば、ペア／グループの話し合いに戻す。<br>●よくある身近なことで話し合わせる。<br>●出てきた内容によっては、「それは、いじめだよね」というような話もある。あるいは、それがエスカレートしていったり、発言内容からしたら差別に当たるものについては指摘する。 |
| 40分 | ●ふりかえりを書く。 | | ●個人でふりかえりシートに記入させる。 |

## ● 資料 ●

**❶** 授業中に、仲よしの隣の子が「えんぴつのしんが全部丸くなったから、1本貸してちょうだい」と言ってきたので、貸してあげたらその子が「ありがとう」と言ったよ。「いいからいいから」とこたえる？

言える　　・　　言えない（では、何て言う？）

**❷** 授業中に、仲よしの隣の子が「そのえんぴつかわいいね。貸してちょうだい」と言ってきたので、貸してあげたらその子が「ありがとう」と言ったよ。「いいからいいから」と言える？

言える　　・　　言えない（では、何て言う？）

**❸** 授業中に、さっきケンカした子が「そのえんぴつかわいいね。貸してよ」と言ってきた。仕方なく貸してあげたらその子が「ありがとう。でもよく見たらかわいくないから、やっぱりいいや」と言ったよ。「いいからいいから」と言える？

言える　　・　　言えない（では、何て言う？）

**❹** 授業中に、さっきケンカした子のふでばこに、見覚えのある私のえんぴつや消しゴムがあった。「ねぇ、それ、私のえんぴつと消しゴムなんじゃない？　このあいだからなくなってたやつ。前にも勝手に取ってたよね。返してよ」と言った。すると、その子は「ごめん」と言って、それを返してきた。「いいからいいから」と言える？

言える　　・　　言えない（では、何て言う？）

**❺** 休み時間に、クラスの子が私の机の上にあったえんぴつと消しゴムを指さして「これ、私のでしょ？　この間からなくなってて、ずっと探してたんだよ。もう、返してよ！」と言ってきた。私は身に覚えがなかったから、「私、知らないけど」と答えると、私の隣の子が「ごめん、それ私が前に借りてたやつ」と言って、それを返した。「いいからいいから」と言える？

言える　　・　　言えない（では、何て言う？）

**09**「いいからいいから」って言える？　　63

## ヒント

●『いいからいいから 5』になっていますけど、1 〜 4 のどれを使ってもできます。

●怒りや許すことについては、科学の発展とともにさまざまなことがわかってきているようです。人間の脳内で、怒りは大脳辺縁系で生じて、それを理性や知性を司っている前頭葉で抑制しているそうです。ただ、瞬間的に生じた怒りについては、抑制する前頭葉が活発に働くまでに 4 〜 6 秒かかるみたいで、カッとなってから 6 秒置くとコントロールできることがあるといいます。どうしても許せないことには怒るべきですが、その際にもどのような行動で怒りと怒りの理由を伝えるかが大切です。上手な怒り方を学ぶことが大切なのでしょう。挙げた拳の下ろし方や、双方の落としどころや着地点の探り方などを学ぶことが大切だと思います。

●学校現場は集団生活なので、日ごろから人間関係で摩擦が起き、もまれてくるなかでそういったことを身に付けていっているのかもしれません。摩擦が起こらないようにするよりも、摩擦は起こるものという前提で行動力を身に付けていくことが必要なのでしょう。いじめや差別がよくないことは子どもたちも知っていますが、その現場に居合わせたときの対処の仕方を学んでおくべきだと思います。

●いじめや差別が起きたとき、怒りで表すことは、とても大事です。いっしょに怒ってくれる人がいるかどうかも大事です。そして、怒りの後の行動として、どうしてそのようなことが起きたのかを考え、起きないようにすることがもっと大切です。いじめや差別が起きた現場で「それって、おかしいよ」って言うことは、6 秒待たずにまず言っちゃうことで、その場の問題提起になります。いじめや差別の現場では、その場を制止することが初期行動として重要だと思います。そこから、6 秒待って、冷静に何が問題なのかを指摘できるようになればと思います。

# ⬥10 そでのボタンは何に使う?

## ねらい

● 身のまわりのものへの疑問から、その起源や理由を知る。
● 使いやすい工夫のされている身のまわりのものを探し、どのような人にとって使いやすくなっているのかを考える。

## 授業の流れ

| 時間 | 学習活動 | 予想される子どもの反応 | 留意点・準備物 |
|---|---|---|---|
| 0分 | ● ジャケットのそでを見てみましょう。ボタンがついていますが、このボタンでそで口をとめることはできません。どうしてボタンがついているのか、その理由について、ペア／グループで考え、話し合う。 | ● 本当だ。<br>● どうしてついているんだろう。 | ● ジャケットを用意 |
| 5分 | ● ペア／グループで出てきたことを、全体で共有する。 | ● おしゃれのためかな。<br>● ボタン3、4個もいらないよね。<br>● このボタンの分、値段が高くなるんじゃないかな。<br>● 流行したときがあったんじゃないかな。<br>● ボタンが余っていたからつけただけなんじゃないかな。<br>● 昔はそでをとめていたかもよ。 | ● ペア／グループからの意見は板書せず、疑問点やひっかかる点があれば、ペア／グループの話し合いに戻す。 |

**10** そでのボタンは何に使う?　65

| | | | |
|---|---|---|---|
| 8分 | ●ジャケットのそでにボタンがついている理由を知る。 | ●たしかに鼻が痛くなるよね。<br>●ナポレオンもおしゃれを気にしていたのかな。<br>●鼻水をすすっている軍隊って強そうに見えないかも。 | ●資料①提示 |
| 10分 | ●信号の色の並び順を知っているかな。左から順番に言うと？ | ●青→黄→赤<br>●赤→黄→青 | |
| 12分 | ●信号は左から順に青→黄→赤になっています。どうしてこのような順になっているのかについて、ペア／グループで考え、話し合う。 | | ●信号の画像を提示 |
| 15分 | ●ペア／グループで出てきたことを、全体で共有する。 | ●右ハンドルが多いので、運転する人が見やすいから。<br>●道の真ん中に赤がくるほうが危険を知らせやすいから。 | ●ペア／グループからの意見は板書せず、疑問点やひっかかる点があれば、ペア／グループの話し合いに戻す。 |
| 18分 | ●信号の色の並び順の理由について知る。 | ●へー、考えられているなぁ。<br>●ちゃんと理由があるんだ。 | ●資料②を提示 |
| 20分 | ●どのテレビのリモコンも青・赤・緑・黄が左からこの順番になっているのはなぜかについて、ペア／グループで考え、話し合う。 | | ●テレビのリモコンをできれば複数個提示 |
| 23分 | ●ペア／グループで出てきたことを、全体で共有する。 | ●右利きの人が多いから。でも、どうしてこの色の並びなのかはわからない。<br>●たぶん見えやすいから。 | ●ペア／グループからの意見は板書せず、疑問点やひっかかる点があれば、ペア／グループの話し合いに戻す。 |

| | | | |
|---|---|---|---|
| 26分 | ●テレビのリモコンの色の並びの順の理由について知る。 | | ●資料③提示 |
| 28分 | **あたりまえを疑ってみよう**<br>●身のまわりのもので使いやすい工夫がされているものを探し、どのような人にとって使いやすくなっているのかについて、ペア／グループで考え、話し合う。 | | |
| 33分 | ●ペア／グループで出てきたことを、全体で共有する。 | ●スロープ（車いすやベビーカーを使っている人）<br>●手すり（歩行困難な人）<br>●エレベーター（車いすやベビーカーを使っている人）<br>●シャンプーの容器（視覚障がい者）<br>●お酒の缶の点字（視覚障がい者）<br>●点字ブロック（視覚障がい者） | ●ここのペア／グループからの意見は板書する。疑問点やひっかかる点があれば、ペア／グループの話し合いに戻す。<br>●使いやすくなっているのはその人だけだろうか？ということについても考えさせたい。 |
| 40分 | ●ふりかえりを書く。 | | ●個人でふりかえりシートに記入させる。 |

# ・資料・

## 1 ジャケットのそでにボタンがついている理由

　フランスの皇帝ナポレオンは遠征していたときに、隊員がそでを使って鼻水をすすっている姿を見た。ナポレオンはその姿をみすぼらしく見えたために、鼻水をすすれないようにそで口にボタンをつけたという。

## 2 信号の色の並び順の理由

　道路わきの街路樹が伸びたりしたときに信号にかかってしまい、注意や危険を知らせる黄色や赤色が見えなくならないように、この順番になっている。

## 3 テレビのリモコンの色の並びの理由

　国によって並び方の規格は違うが、色を識別しにくい色覚特性のある人が区別しやすい色の組み合わせの並び方になっている。そのため、たいていのリモコンは色だけでなく、色ボタンのところにその色が字で書いてある。

# ヒント

- ●ユニバーサルデザインの物は身近なところにたくさんあります。
  - ・お札
  - ・プリペイドカード
  - ・シャンプーボトルや缶、ペットボトルなどの容器
  - ・自動販売機
  - ・電池パックなどの包装
  - ・照明などのスイッチ
  - ・電化製品
  - ・文房具
  - ・トイレ・風呂・洗面所などの水回り

  など増えてきています。

- ●ユニバーサルデザインは、1980年代、アメリカのノースカロライナ州立大学ロナルド・メイス博士によって提唱されました。博士自身が車いすユーザーで、それまでの物は作る人たちの考えで作られており、使う人たちの立場になって物を作るという考え方への転換を提唱したのでした。

- ●一人ひとりがそれぞれ違う個性を持っていて、さまざまな人たちがいつでもどこでも分け隔てなく安心して使えて、しかも美しく親しみのあるデザインに仕上げるというユニバーサルデザインについて、設計者であり教育者でもあるロナルド・メイス博士は次の7つの提案をしています。
  - ・原則1　公平性
  - ・原則2　自由度
  - ・原則3　簡単
  - ・原則4　明確さ
  - ・原則5　安全性
  - ・原則6　持続性
  - ・原則7　空間性

  この7つの原則は、教育実践や教育環境にも汎用性があると思います。

- ●ユニバーサルデザインについて、詳しくはUD資料館のサイト（https://www.ud-web.info/）を参考にしてみてください。

- ●ユニバーサルデザインと部落問題学習の関連について質問されることがあります。私は部落問題にもつながっていると考えています。被差別当事者が声を上げ、仲間とともに闘い（考えて開発し）、改善されて世の中で利用され（獲得され）たものは、被差別当事

者だけが利用しやすい（暮らしやすい）ものでしょうか。さまざまな人にとって利用しやすい（暮らしやすい）ものになっているのではないでしょうか。たとえば、教科書無償化は被差別部落から上がった声から始まりましたが、それは誰もが教育を受ける権利を行使するために、もはやあたりまえのようになっています。まさにそういうことではないかと思います。

# ◆11 「うつる病気」って本当にこわい？

## ねらい

- 身のまわりの多くの情報を批判的に捉え、正確な情報を選び、判断、行動することの大切さを知る。
- 「うつる病気」に対する不安や恐怖が、偏見を助長し、人を差別することにつながる危うさに気づく。

## 授業の流れ

| 時間 | 学習活動 | 予想される子どもの反応 | 留意点・準備物 |
|---|---|---|---|
| 0分 | ●新型インフルエンザ発生当時の報道記事を読み、当時のことを知る。 | ●インフルエンザのときだ。<br>●私もマスクしてたよ。<br>●みんなしてたね。<br>●今のインフルエンザと何が違うんだろう。<br>●どんどん増えていってるよ。 | ●資料①<br>●資料② |
| 8分 | ●写真や、資料から感じたこと、考えたことについて、ペア／グループで考え、話し合う。 | | ●資料③ |
| 13分 | ●ペア／グループで出てきたことを、全体で共有する。 | ●マスクが売り切れるほどだったんだ。<br>●マスクしててもうつったよ。<br>●予防注射はしたほうがましらしい。<br>●注射したのになった人もいるよ。 | ●ペア／グループからの意見は板書せず、疑問点やひっかかる点があれば、ペア／グループの話し合いに戻す。 |

11 「うつる病気」って本当にこわい？　　71

| | | | |
|---|---|---|---|
| 16分 | ●発生当時、感染者や多くの感染者が出た学校の様子について、ペア／グループで考え、話し合う。 | | ●資料④ |
| 21分 | ●ペア／グループで出てきたことを、全体で共有する。 | ●修学旅行も中止になったなんて。<br>●学校が休みになったんだ。<br>●どうしてここまで怖がったんだろう。<br>●そんなひどいことがあったんだね。<br>●むちゃくちゃだよ。<br>●やりすぎだと思う。<br>●でも気持ちはわかるなぁ。<br>●「近づくな」とか言われたことがあった。 | ●ペア／グループからの意見は板書せず、疑問点やひっかかる点があれば、ペア／グループの話し合いに戻す。 |
| 24分 | ●なぜこのようなことが起きたのかを考え、暮らしのなかで同じようなことが身近にないかについて、ペア／グループで考え、話し合う。 | | ●よく知らないこと、自分に利害が絡んだときに排除や差別が生まれるという構造を知ることが重要。<br>●自分たちの生活のなかで、差別につながる排除の意識や行動がないかを見つめ直し、他人ごとではなく自分ごとであるという気づきを引き出したい。 |
| 29分 | ●ペア／グループで出てきたことを、全体で共有する。 | ●よく知らないから、怖がりすぎたんじゃないかな。<br>●自分のことしか考えてない気がする。<br>●うその情報を流されて、それにふり回されたからじゃないかな。 | ●ペア／グループからの意見は板書せず、疑問点やひっかかる点があれば、ペア／グループの話し合いに戻す。 |

| | | ●「うつる」とか言って避けることがあると思う。<br>●それがいじめになっていくんじゃないかな。 | |
|---|---|---|---|
| 32分 | **あたりまえを疑ってみよう**<br>●同じようなことが起きたとき、どんな行動がとれるかについて、ペア／グループで考え、話し合う。 | | ●具体的な行動をイメージできるようにしたい。 |
| 37分 | ●ペア／グループで出てきたことを、全体で共有する。 | ●病気はだれでもなる可能性あるから、その病気のことをちゃんと知ることが大切。<br>●ネットの情報が本当かどうか確かめることが大切。<br>●悪意のある情報は拡散しない。<br>●自分が病気になったら、うつさないように気をつけたい。<br>●避けるんじゃなく、声を掛けたい。 | ●ここのペア／グループからの意見は板書する。疑問点やひっかかる点があれば、ペア／グループの話し合いに戻す。<br>●使いやすくなっているのはその人だけだろうか？ということについても考えさせたい。 |
| 40分 | ●ふりかえりを書く。 | | ●個人でふりかえりシートに記入させる。 |

# 資料

## 混乱教訓 兵庫に感染探知網

### 新型インフル 国内初確認10年—

### 神戸3000カ所連携 早期報告

### SNS時代の情報発信模索

国内初の新型インフルエンザ発生を受け、街中はマスク姿の人であふれた＝2009年5月18日、JR三ノ宮駅

神戸市で2009年5月、国内初の新型インフルエンザ発生が確認され、全国に感染が広がってから10年がたった。「濃厚接触者」という専門用語が飛び交い、多くの人がマスクを大量購入。学校や施設の臨時休業が相次ぎ、神戸まつりのメイン行事も延期されたあの騒動をどう振り返ればいいのか—。新型インフルエンザ対応の当時と今を検証した。（霍見真一郎）

10年前、初の「新型発生」は過剰ともいえる反応を引き起こした。感染を抑制するワクチンがなく、毒性の強弱もはっきりしなかったからだ。その後の調査で「弱毒性」と判明。現在は一般的な季節性インフルエンザ（A型）として扱われ、ワクチンも開発されている。

「騒ぎ過ぎ」という批判もあったが、医療機関や行政はより毒性の強いインフルエンザや伝染病に備え、教訓をくみ取ってきた。

「最初の24時間は、隔離は限界になった」。当時、神戸市立医療センター中央市民病院（同市中央区）で患者に対応した川本未知医師が振り返る。

初日に50人以上が診察に訪れ、翌日未明までに40人近くを新型と診断。空気が薄い別の病棟を使って隔離に努めたが、4日目までに患者との濃厚接触者は2千人を突破し、厚生労働省は封じ込めの指示を解除した。

#### 休業要請に根拠

神戸市は、初期の混乱外に流れない特別室に加え、保育園からA型インフルエンザ発生が伝えられ、素早い対応につながった。同市の尾崎明美健康危機管理対策担当課長は「感染症発生を早期に捉え、拡大防止に全力を挙げる」と話す。

10年前、県の臨時電話相談窓口には最大で1日1万件を超える相談が入り、神戸市の電話も鳴り続けた。「置いたとたんに鳴った」と市職員は振り返る。そんな中でも、県などは感染拡大防止のため情報公開の在り方を巡って議論も起きた。その結果、県内全ての小中学校や高校など県と自治体による臨時休業に。認可保育所も県の要請で多くが休業した。

兵庫県は、当面難しかった対応として、学校や公共施設の休業要請を挙げる。県疾病対策課の廣田義勝副課長は「法的根拠はなかったが、感染拡大防止のため断行した」と語る。その結果、県内全ての小中学校や高校など県と自治体による臨時休業に。認可保育所も県の要請で多くが休業した。

今後の判断も助けるため、県などの働き掛けで、13年4月施行の「新型インフルエンザ対策特別措置法」に、休業要請の根拠となる条項が盛り込まれた。

#### パニックの恐れ

情報発信に。会員制交流サイト（SNS）が普及する現在は、誤った情報が拡散し、パニックを引き起こす恐れが増している。

10年前、県の臨時電話相談窓口には最大で1日1万件を超える相談が入り、神戸市の電話も鳴り続けた。「置いたとたんに鳴った」と市職員は振り返る。そんな中でも、県などは感染公表せず、情報公開の在り方を巡って議論も起きた。

混乱を踏まえ、県は患者情報について公表基準を設けた。しかし、関係者は「怖いのはSNSで間違った情報が流れること」と指摘。「情報発信の仕方を、国と相談しながら模索するしかない」と打ち明ける。

国内初の新型インフルエンザは2009年5月16日、神戸市内の高校生から確認。感染は3カ月後でピークを迎えた後に減少し、県は6月3日に「ひとまず安心宣言」を出した。厚生労働省によると、全国の感染者数は10年3月23日までに約2千万人にまで拡大し、死亡者は198人に上った。割合は10万人当たり0・16人。同者は「一般的な季節性インフルエンザとして扱うこと」を通知した。現在、同省が急激な感染拡大を警戒する新型インフルエンザは強毒性の鳥インフルエンザ1種類で、約1千万人分のワクチンを備蓄している。

（「神戸新聞」2019年6月8日）

# 大阪・兵庫 感染92人に
## 新型インフル 休校1400校超す

新型インフルエンザ発生を受けて、レジ係の店員がマスクを着用して対応したスーパー（17日午後、神戸市中央区で）＝大久保忠司撮影

### 大阪府、中高に休校要請へ

神戸市の兵庫県立高校2校の生徒8人に新型インフルエンザ（豚インフルエンザ）への感染が確認されたのに続き、18日未明までの厚労省などの発表で、新たに同県や大阪府の高校生や教諭ら84人の感染が確認された。海外渡航歴のない高校生が多く、感染者のいる高校では発熱などを訴える生徒も多数いる。神戸市や大阪府などは大規模な休校措置を取り、休校数は1400校を超えた。「国内感染」はこれで92人となり、成田空港での検疫で判明した4人も含めると、国内の感染者数は計96人となった。

〈関連記事2・3・7・13・17・30・31面〉

18日午前1時現在で感染が確認されているのは、大阪府では、関西大倉中高（茨木市）の生徒36人と講師、生徒の家族など。兵庫県では、六甲高（神戸市）の生徒9人、県立神戸高（同）の生徒11人と保護者、県立兵庫高（同）の生徒12人、県立高砂高（高砂市）の生徒3人、県立八鹿高（養父市）の生徒1人と教諭、県内の高校生11人など。関西大倉高では、併設の中学も含め、約190人がインフルエンザの症状を訴えたため、大阪府などが調査を進めている。

さらに、大阪府八尾市の小学6年女児（11）のほか、同府吹田市の大学生らの感染も確認され、広範囲に二次感染が進んでいる可能性が出てきた。

厚労省と兵庫県などによると、同県内の高校で感染が確認された生徒にはバレーボール部員が多く含まれていたが、ほかに文化系などの部活動の生徒もいた。厚労省によると、自治体側は16日に感染が確認された神戸、兵庫両高校の生徒8人の「濃厚接触者」として１６１人をリストアップし、自宅待機要請や健康状態の確認などを進めている。

大阪府は17日、茨木市など12市町に小中高・幼稚園などを23日まで臨時休校するよう求め、府内の休校数は全小中高・幼稚園に、計676校に達した。府は全小中高・幼稚園に、児童・生徒にインフルエンザの症状があれば出席停止とするよう要請。茨木、豊中、吹田市の保育所、高齢者介護の通所施設、映画館などにも休業を求めた。

兵庫県でも、県立高や公立小中などの休校数は74
3校に上っている。

厚生労働省は17日、大阪府に対し、新型インフルエンザ感染拡大の恐れがあるとして、学校の休校措置などを府内全域に広げるよう求めた。大阪府はこれを受け入れ、府内の政令市を除く中学・高校の休校を要請する方針を固めた。

（「読売新聞」2009年5月18日）

# ❸ かぜは予防接種では防げない

インフルエンザは、いわゆる「かぜ」の仲間。かぜの8割から9割はウイルスが原因ですが、その数は細かく分類すると200種以上といわれています。そして、インフルエンザウイルスも、その中に属します。ことさらに「流行性感冒（感冒とは、かぜのこと）」として区別されるのかといえば、別名「走るかぜ」ともいわれるように、ある場所で集中して流行し、それが別の場所へと移って流行するのが観察されるからです。

また、インフルエンザによるかぜは、熱の出方がほかより強いというけれど、それこそ個人差があります。そして、同じ人でも、体調や環境しだいで重い症状になるとき、かかっても熱も出ないというときなどさまざま。そういう意味でも、ほかの「かぜ」と大きなちがいはありません。

「かぜは万病のもと」というくらいですから、「ただのかぜ」と軽くみすぎることはできない。でも、インフルエンザは特別な、おそろしい病気ではないのです。

## ●効果が証明されなかったワクチン

日本では、学童防波堤論という考え方のもと、1962年から小中学校でのインフルエンザワクチンがはじまりました。でも、毎年冬になれば流行が起こり、学級閉鎖も依然として続いていました。効果があるどころか、ワクチンの副作用被害で苦しむこどももいたのです。

そこで、群馬県前橋市の医師会は、いったん接種を中断し、7万人以上の児童を対象に6年にわたって、ワクチン接種地域と非接種地域の比較調査を始めます。接種中断のあいだ、流行は前橋市だけで起こったわけではなく、市内の死亡率もあがらなかった。

つまり、打っても打たなくても状況は変わらない、ワクチンには流行を防ぐ効果がないことがわかったのです。

その後、効果や安全性に疑問をもち、集団接種をやめる学校が次々にあらわれました。その後、国も「流行を防ぐことはできない」と結論を出します。

1994年、予防接種法が改正され、学童集団接種は法定接種の対象からはずされました。接種する人がぐんと減ったこの時期、大流行が起こったという記録はありません。いまのワクチンは、この「流行を防ぐ効果のない」ワクチンと同じつくり方でつくられています。

## ●かつてもいまも、毎年流行が

毎年、各地で流行が起きています。インフルエンザのこわさが喧伝される近年になって、とくに流行が大きくなっているわけではありません。

脳炎・脳症になるのがこわいからと、接種を勧められることがあります。でも、その原因としてもっとも疑わしいのは、ポンタールやボルタレンといった非ステロイド系抗炎症解熱剤との関係。

2000年、これらのきつい解熱剤をこどものインフルエンザに使わないように規制が始まり、それ以降は、死亡に至る重症脳症はぐっと減っています。ところが、その後、インフルエンザ治療薬「タミフル」が発売されると、突然死や、異常行動による事故死、場合によっては重い障害を残す「タミフル脳症」が登場しました。つまり、脳症はインフルエンザ自体より、薬剤によって引き起こされる症状というわけです。

### POINT ウイルスは絶えず変化し続ける

絶えず変化するのがインフルエンザウイルスの特性。次の流行のウイルスの型を予想してワクチンを製造しても、変異（ウイルスの遺伝子構成が変わること）には追いつけず、型が一致することはまずありません。小児科学会も、乳幼児への効果は20〜30パーセントとしています。

副作用として、じんましんや呼吸困難、発熱、発疹をはじめ、アナフィラキシーや神経障害という重い症状を起こすことも。2007年の報告は122症例で、各年代に被害が。

集団接種が廃止され、法定接種からはずされた1994年、かつて年間2500万本以上だったワクチンの製造量は30万本に落ちこみました。でも、（…略…）その後、製造量は急増の一途をたどっています。1997年には、香港でニワトリに鳥インフルエンザが流行。それを機に、新型インフルエンザに備えようという動きが高まり、それに便乗するかのようにワクチンを勧める声も大きくなっています。

2009年4月、メキシコで始まった豚由来といわれるH1N1（の新型）ウイルスの流行に対策マニュアルが適用されました。その結果、空港や港での検疫、海外感染者の検査、発見、隔離がおこなわれたのです。しかし、水際対策は成功せず人から人へ感染し、一時期は、感染者の出た地域全体の学校閉鎖や保育園の休園、祭の中止などがあいつぎました。「無意味な政策が引き起こした今回の事態。だれにこの責任がとれるのか。ウイルスは絶えず変化し続けています。新しい型も絶えず出現するでしょう。そのウイルスをマニュアルで防ぐことはできません。ウイルスを制御できる、防げない病気を防げるというのは人間の思い上がり。それでは有効な感染症対策は生まれません」というのは母里啓子さんの意見。自然に免疫をつけていくことが大切だといえるのです。

病気をこわがらせる声に、あおられないで！

（『ちいさい・おおきい・よわい・つよい』No.70「予防接種み〜んなまとめてチェック!!」54〜59頁、ジャパンマシニスト社、2009年より）

徳島の全市立小
修学旅行を中止

　新型インフルエンザの国内での感染拡大が懸念される中、徳島市では31の全市立小学校が5～6月に予定していた近畿地方への修学旅行を中止した。徳島県教委の修学旅行自粛要請を受けたもので、保護者らからは「過剰反応」との声も上がっている。今月中に国内の修学旅行を予定していた県立高校など11校中、少なくとも9校も延期を決定した。
【井上卓也】

(「毎日新聞」2009年5月13日)

## ヒント

● 2009 年に起きた新型インフルエンザ、パンデミック。各地の学校も休校措置が取られました。ニュースを見ると、患者数がみるみる増えていき死者が出たという報道もあり、実態のよくわからない「怖さ」を感じたのを覚えています。そのなかで、患者が出た学校の生徒に対する誹謗中傷や乗車拒否までが起き、「それはやり過ぎだろう」と憤りを感じました。「タミフルを飲めば大丈夫」という情報も、結果的には間違いでした。むしろ、副作用の危険性が後になってわかってきました。

●科学的な根拠や正しい認識を持たないまま、自分に降りかかる災いを避けようとする心理が、排除や差別を生んでしまうのだと、この一件からよくわかりました。同じ構造が、東日本大震災に伴う原発事故による風評被害や、福島差別にもあります。自分に利害が絡んだときに、差別意識が行動となって現れます。同じ過ちを繰り返しているのです。

●もうひとつ、近年の衛生観念も背景にあるのではと感じています。テレビ CM で繰り返される「除菌」アピール、菌は悪者ですべてやっつけなくてはダメ、というようなイメージがことさらにつくられているように感じます。菌と共存してきた人類の歴史から考えると、菌やウイルスを完全にブロックできるという幻想を抱かされてしまっているようにも思います。

●子どもたちには、これらの社会の課題と自分の暮らしをつなげて考えてほしいと思っています。「（菌が）うつる」と言って「タッチ」を繰り返す遊びがいじめにエスカレートしたり、「自分がいじめられたくない」から、いじめに加担、傍観することで自分を守ろうとしたり、日々の暮らしのなかに、排除や差別につながる意識や行動、構造があることに気づくはずです。そのうえで、それをなくす具体的な行動を考えることが大切です。明日、同じ状況が起きたときに、自分に何ができるのかをイメージできれば、行動化につなげやすいと思います。

●私自身がこのような問題意識を持つことができたのは、部落問題と出会えたからだと思います。部落問題学習を通して、社会の課題を見抜き、真実を見極め、人を排除、差別せず、豊かにつながる生き方を見つけ、多様な人とともに生きていける社会を子どもたちとともにつくっていきたいです。

# あなたの性格、ずばり当てます？

## ねらい
- 血液型と性格が関係するという科学的な根拠はないことを知る。
- 身のまわりにある思い込みや偏見について考える。

## 授業の流れ

| 時間 | 学習活動 | 予想される子どもの反応 | 留意点・準備物など |
|---|---|---|---|
| 0分 | ●動画を見ましょう。 | ●1位になれ〜！ | ●動画「今日の占い血液型選手権」 |
| 5分 | ●よく当たると評判のサイトで、どれくらい血液型占いが当たるか、やってみましょう。やってみたい人はいますか。 | ●やりたい！ | ●「究極の血液型心理検査」サイト<br>●血液型を知らなくても、困ることはない。 |
| 12分 | ●実は、この占い結果は、コンピュータがランダムに表示しているもので、血液型とはまったく関係ないものなのです。<br>●実は、血液型と性格に関係があるという科学的な根拠はひとつもありません。 | ●うそ〜！<br>●○型だからって、家でも聞いたことがある。<br>●関係あると思っていた。<br>●血液型アプリもあるよ。 | ●バーナム効果について簡単に説明する。<br><br>●資料①配布 |
| 18分 | ●昔の血液型と性格についての資料を見ましょう。血液型以外にも、性格と関係あるように考えられているものはないか、について、ペア／グループで考え、話し合う。 |  | ●資料②配布 |

| | | | |
|---|---|---|---|
| 23分 | ●ペア／グループで出てきたことを、全体で共有する。 | ●昔からあるんだね。<br>●県民性<br>●星座<br>●干支(えと)<br>●きょうだい関係 | ●ペア／グループからの意見は板書せず、疑問点やひっかかる点があれば、ペア／グループの話し合いに戻す。 |
| 28分 | **あたりまえを疑ってみよう**<br>●どうすれば身のまわりの思い込みや偏見をなくすことができるかについて、ペア／グループで考え、話し合う。 | | |
| 33分 | ●ペア／グループで出てきたことを、全体で共有する。 | ●まず本当か確かめる。<br>●人から聞いたことをそのまま流さない。<br>●おかしいと思ったことを伝える。<br>●条例やきまりをつくる。 | ●ここのペア／グループからの意見は板書する。疑問点やひっかかる点があれば、ペア／グループの話し合いに戻す。<br>●個人でできることと、社会で取り組むべきことを分けて押さえる。 |
| 40分 | ●ふりかえりを書く。 | | ●個人でふりかえりシートに記入させる。 |

●動画「今日の占い血液型選手権（2010年3月26日）」
（フジテレビ「情報プレゼンター とくダネ！」より）
https://www.youtube.com/watch?v=c88yR4Zt_F4

●サイト「究極の血液型心理検査 という名のバーナム効果体験テスト」
http://time.sub.jp/blood/

# ● 資料 ●

## ❶ 「血液型を扱う番組」に対する要望

2004 年 12 月 8 日

放送倫理・番組向上機構 [BPO]
放送と青少年に関する委員会

　「血液型を扱う番組」が相次ぎ放送されている。それらの番組はいずれも、血液型と本人の性格や病気などとの関係があたかも実証済みであるかのごとく取り上げている。放送と青少年に関する委員会（以下、青少年委員会）にも、この種の番組に対する批判的意見および番組がもたらす深刻な状況が多数寄せられている。

　それらの意見に共通するのは、「血液型と性格は本来、関係がないにもかかわらず、番組の中であたかもこの関係に科学的根拠があるかのように装うのはおかしい」というものである。意見の中には、「これまで娯楽番組として見過ごしてきたが、最近の血液型番組はますますエスカレートしており、学校や就職で血液型による差別意識が生じている」と指摘するものもあった。

　放送局が血液型をテーマとした番組を作る背景には、血液型に対する一種の固定観念とでもいうべき考え方や見方が広く流布していることがあげられる。

　しかし、血液型をめぐるこれらの「考え方や見方」を支える根拠は証明されておらず、本人の意思ではどうしようもない血液型で人を分類、価値づけするような考え方は社会的差別に通じる危険がある。血液型判断に対し、大人は"遊び"と一笑に付すこともできるが、判断能力に長けていない子どもたちの間では必ずしもそういうわけにはいかない。こうした番組に接した子どもたちが、血液型は性格を規定するという固定観念を持ってしまうおそれがある。

　また、番組内で血液型実験と称して、児童が被験者として駆り出されるケースが多く、この種の"実験"には人道的に問題があると考えざるを得ない。

　実験内で、子どもたちは、ある血液型の保有者の一人として出演、顔もはっきり映し出され、見せ物にされるような作り方になっている。中には子どもたちをだますような実験も含まれており、社会的にみて好ましいとは考えられない。

　青少年委員会では、本年 6 月以降、番組内での"非科学的事柄の扱い"全般について検討してきたが、ことに夏以降、血液型による性格分類などを扱った番組に対する視聴者意見が多く寄せられるようになった。そこで委員会では集中的に「血液型を扱う

番組」を取り上げ、いくつかの番組については放送局の見解を求め、公表してきた。その過程で、放送局は「○○と言われています」「個人差があります」「血液型ですべてが決まるわけではありません」「血液型による偏見や相性の決めつけはやめましょう」など、注意を喚起するテロップを流すようになった。しかし、これは弁解の域を出ず、血液型が個々人の特徴を規定するメッセージとして理解されやすい実態は否定できない。

民放連は、放送基準の「第8章 表現上の配慮」54条で、次のように定めている。

| (54) | 占い、運勢判断およびこれに類するものは、断定したり、無理に信じさせたりするような取り扱いはしない。 |
|---|---|
| 〔解説〕 | 現代人の良識から見て非科学的な迷信や、これに類する人相、手相、骨相、印相、家相、墓相、風水、運命・運勢鑑定、霊感、霊能等を取り上げる場合は、これを肯定的に取り扱わない。 |

これらを踏まえ、青少年委員会としては、「血液型を扱う番組」の現状は、この放送基準に抵触するおそれがあると判断する。

青少年委員会は、放送各局に対し、自局の番組基準を遵守し、血液型によって人間の性格が規定されるという見方を助長することのないよう要望する。

同時に、放送各局は、視聴者から寄せられた意見に真摯に対応し、占い番組や霊感・霊能番組などの非科学的内容の取り扱いについて、青少年への配慮を一段と強められるよう要請したい。

## ❷ 古川竹二があげた各血液型者の特徴（1932年）

| 型 | 長所 | 短所 |
|---|---|---|
| O | 自信が強い<br>意志が強固である<br>ものに動じない<br>理知的で感情にかられない<br>精神力が旺盛<br>決心したら迷わない | 強情、頑固になりやすい<br>融通性に乏しい<br>謙譲心に乏しい<br>理知的で感情に動かされることが少ないので、物事に対し冷静になり、冷淡になりやすい<br>個人主義に傾きやすい |
| A | 温厚従順である<br>事をするとき慎重で細心<br>謙譲である<br>反省的である<br>感動的である<br>同情心に富んでいる<br>犠牲心に富んでいて、融和的である | 心配性である<br>感情に動かされやすい<br>意志が強固ではない<br>決断力に乏しい<br>自分をまげやすい<br>孤独で非社交的である<br>内気で悲観的である<br>恥ずかしがりやである |
| B | 淡泊である<br>快活である<br>活動的である<br>刺激に速かに応じる（敏感）<br>果断である<br>社交的である<br>楽天的である<br>物事を長く気にしない | 移り気である<br>執着心が少ない<br>放胆で、慎重さがない<br>事をするのに派手なので、事実を誇張しやすい<br>事に当たっては動揺しやすく、意志強固ではない<br>多弁になりやすい<br>出過ぎたことをする |
| AB | A型者の長所をもっている<br>B型者の長所をもっている | A型者の短所をもっている<br>B型者の短所をもっている |

# ヒント

●授業に取り組む前、クラスには、家族が血液型性格診断の本をよく読んでおり、「それって○型みたい！」とよく話す子どももいれば、それを「ふーん」と聞き流す子どももいました。ところが、授業の冒頭にゲーム仕立てで血液型占いをしてみると、そのゲーム性からか、ほとんどの子どもが真剣に画面を見つめ、なかでも、これまであまり関心を示していなかった子どもが「いきいき」と反応していました。まるで、新しい発見があったかのように、血液型占いに興味を示していったのです。

●今回の授業を通して、ここにうわさや偏見が生まれるしくみがあるのだと気づいた子どもたちは、するどく身のまわりにある偏見や差別を見抜いていきました。「きょうだいの話になったら、すぐに下の子は○○だからって言われる。そんなことはちがうって言いたかったときもあったけど、だんだんと言いにくくなっていった」「大阪の人は○○って言われることがよくテレビであって。いつも笑って見ていたけど、自分も決めつけていたのがわかった」「これまで信じる人の勝手だと思っていたけど、そんなまちがった考えで、したいことができなくなるのはおかしい」といったふりかえりが書かれてありました。

● 1966年の出生率を下げた理由に、「丙午（ひのえうま）」の話があるといわれています。本来、生まれてくるはずだった命を考えると、「そんなん、ただのゲームやん」とスルーしてしまう価値観が静かに広がってはいないか、きちんと見抜ける力やともに考えていける仲間が必要です。

＊「丙午」の話とは、陰陽五行説によると、丙は〈火の兄〉、午は方角で南に当たるところから、丙も午も火の性を表すそうです。そういうことから、これにあたる年は火災の発生が多いという俗信があり、また江戸時代以来、この年に出生した者は気性が激しく、ことに女性は夫となった男性を早死にさせるという迷信がはびこっていました。さらに、江戸初期の八百屋お七の放火事件以後、丙午の年に生まれた女は、夫を食うとか殺すという迷信が生まれ、社会に根強く浸透してしまいました。そのため丙午生まれの女性は縁談の相手として忌避されることがありました。この迷信のため現在に至るまで統計的にも丙午の年には出産数が少なく、1906年、1966年とも出生率が低下しました。

●被害者救済より全体としての会社運営が優先されたり、それぞれの都道府県への偏見をモチーフにした映画がヒットしたり、いわゆる「伝統」を守るために個人の尊厳が後回しになったり。一つの課題が見えてくると、さらにいろんなものが見えてきます。ちなみに、次の「丙午」は2026年。どんな世の中にしていきたいかは、私たちの今の取り組みにかかっていると言っても過言ではないと思います。

# 13 血液型で決めちゃう？

## ねらい

- 血液型の性格判断について知り、意見交流を通して、根拠のない決めつけについて考える。
- これまでの経験や身のまわりの決めつけに対して、今後の行動について考える。

## 授業の流れ

| 時間 | 学習活動 | 予想される子どもの反応 | 留意点・準備物 |
|---|---|---|---|
| 0分 | ●今朝、テレビ番組とかで占いを見てきたという人はいるかな。 | ●いつも見ている。<br>●気にしないけどね。<br>●少し意識することもある。 | |
| 3分 | ●古川竹二、能見正比古と血液型占いについて知る。 | | ●資料①を提示 |
| 8分 | ●血液型と性格を結びつけた資料を見てどう思うかについて、ペア／グループで考え、話し合う。 | | ●授業ネタ「12　あなたの性格、ずばり当てます？」の資料②（84頁）を提示 |
| 15分 | ●ペア／グループで出てきたことを、全体で共有する。 | ●当たっているところもある。<br>●A型だからまじめとか言われたのを思い出した。<br>●血液型でおおざっぱとか言われて嫌な気持ちがした。<br>●当たっていないところも多いと思った。<br>●人によって違うと思った。 | ●ペア／グループからの意見は板書せず、疑問点やひっかかる点があれば、ペア／グループの話し合いに戻す。 |

| | | | |
|---|---|---|---|
| 20分 | ●日本と世界で血液型の割合が違うというのに、血液型で性格を決めつけたり、運勢を占うことについて、ペア／グループで考え、話し合う。 | | ●資料③④を提示<br>＊アイヌ民族の学習につなげることもできる。 |
| 25分 | ●ペア／グループで出てきたことを、全体で共有する。 | ●血液型にあてはめて当たっていると思いたいから。<br>●誰かと同じでいることで安心したい気持ちがあるのかも。<br>●みんなどこかの血液型にはまるから、血液型のせいにしておくと楽だから。<br>●失敗したり、不安なことがあっても、その血液型だからと言いわけできるから。 | ●ペア／グループからの意見は板書せず、疑問点やひっかかる点があれば、ペア／グループの話し合いに戻す。 |
| 27分 | **あたりまえを疑ってみよう**<br>●これまでの経験でまわりから決めつけられたり、身のまわりで決めつけられていることについて、ペア／グループで考え、話し合う。 | | |
| 35分 | ●ペア／グループで出てきたことを、全体で共有する。 | ●日本と同じような割合になっているんじゃないかなと思っていた。<br>●もしかしたらAB型が多いかもしれないと思っていた。<br>●O型が多いとは知らなかった。<br>●日本と違うことがわかった。 | ●ここのペア／グループからの意見は板書する。疑問点やひっかかる点があれば、ペア／グループの話し合いに戻す。<br>●血液型で性格を判断したり、占いで考え方や成り行きを決めつけてしまうことは、人を決めつけることにもなりかね |

| | | | |
|---|---|---|---|
| | | ●決めつけるのっておかしいって思った。<br>●理由や根拠がないのに、おかしい。<br>●血液型じゃ決められない。<br>●ばかげている。<br>●でも楽しむくらいはいいんじゃないかな。<br>●本気じゃないとは思ったけど、やっぱり血液型で性格のことを決めつけられて嫌だった。<br>●女ってことだけで決めつけられることもある。 | ない。人を決めつけることで人を差別することになったり、偏見をもってしまうことになることについてふれておく。 |
| 40分 | ●ふりかえりを書く。 | | ●個人でふりかえりシートに記入させる。 |

## 参考文献・サイト

- 『血液型と気質』（古川竹二、三省堂、1932年）
- 『血液型でわかる相性 伸ばす相手、こわす相手』（能見正比古、青春出版社、1971年）
- サイト「日本・世界・国別の血液型の割合」
  https://uranaru.jp/topic/1004729

# ● 資料 ●

## ❶ 古川竹二、能見正比古と血液型占い

　1900 年、ウィーンで血液型が発見されました。日本では原木復医師が、1914 年に日本人の血液型調査を実施しました。そして、血液型と性格の関連性について調査結果を発表したのです。しかし、世間からは無視されました。

　しかし、軍の上層部が性格と関連するのであれば、部隊編制に利用しようと考え、軍医を総動員して血液型の研究に着手することになったのです。その後、戦争が激しくなり研究は途絶えます。

　東京女子高等師範学校（現：お茶の水女子大学）の古川竹二教授はその軍隊の研究をまとめ、1932 年に『血液型と気質』という本を出版します。これが血液型占いの元となりました。医学・心理学・教育学の分野で研究されましたが、データの少なさや統計処理のずさんさが指摘され、血液型と性格の関連性を否定されていきます。

　その後、能見正比古が、古川竹二の学説を復活させ、占い師を含む多くの人々が能見の死後、それをもとに血液型性格判断に関する本を出版することとなり、1980 年代になってから血液型占いブームが起こります。

## ❸ 日本の血液型の割合

　日本では、一番多いのは A 型で 39 ％、次が O 型の 29 ％、B 型は 22 ％、AB 型は 10 ％となっています。だいたい 4：3：2：1 の割合ということです。

## ❹ 世界の血液型の割合

　世界の血液型の割合は、O 型 45 ％、A 型 40 ％、B 型 11 ％、AB 型 4 ％となっています。

　なお、中南米は O 型の割合がかなり高いです。国別に見てみますと、

　グァテマラは 95％　←ほとんど O 型ということです。

　コロンビアは 61％

　ブラジルやアルゼンチンは 47％

　アメリカは 44％

を占めています。

　日本は O 型は 29％ でしたから、割合がまったく違います。

　ちなみに、日本で 39％ いる A 型は、北半球の国の割合が高くなっています。特に

ヨーロッパの寒い地域での割合が高くなっています。

スイス 50%

ノルウェー 50%

スウェーデン 47%

フィンランド 42%

デンマーク 44%

となっています。

B型は世界中で見てもO型やA型のように多くはありません。しかし、30%を超えている国があり、アジアの中央とアフリカで特に高い割合となっています。

AB型は、世界中で4%の割合しかいません。AB型が0%の国があるくらいAB型は極端に少ないのです。ちなみに、世界中でAB型の割合が一番高いのは、日本のアイヌ民族です。その割合はO型17%、A型32%、B型32%、AB型18%となっています。AB型の割合が2割近いことは、世界を見ても他にはありません。

## ヒント

●占い禁止令というものが明治初期に出されています。江戸時代末期は、「陰陽道」「密教占星術」といった占いが、たいへんブームになっていました。明治維新により、科学的根拠のない迷信や呪術を追放する政策が推し進められ、1870年に、太政官布告第745号（天社神道禁止令）が発令されます。これで、陰陽道や、深く仏教と混交していた天社神道を禁止しました。1872年には、平安時代から続いてきた陰陽寮（宮廷の祭祀や暦作り、占いによる助言、自然観測などを行う専門機関）も廃止されました。続いて1877年に「狐憑きを落とすような祈禱をしたり、玉占いや口寄せを業としているものが庶民を幻惑している。以降、こうした行為をいっさい禁止する。厳重に取り締まるべし」といった占い禁止令が各府県に通達され、厳重な取り締まりが行われました。

●血液型での占いや性格診断だけじゃなく、星座の性格診断や四柱推命、風水、姓名判断、手相・人相、易、六星占術、西洋占星術、タロット、水晶・霊感など、多数あります。私自身は生年月日がまったく同じ友だちがいますが、性格も違いますし、その日の成り行きも違いました。そんなもんだよねーということがわかっていながら、気になる人もいます。厄年はどうでしょう。私は親から何度も厄払いに行きなさいと言われました。そんなものは信じてないから行かないと言い、行かずじまいでしたが、親は「あなたが行かないなら親として代わりに行っておいてあげる。厄は本人だけじゃなくて、身近な人にも起きるから行ってほしいのよ」とも言われました。結局、親は厄払いに行ったらしく「これで大丈夫よ」と伝えてきましたが、家族の何人かが続けて病気になったりすると「あなたが厄払いに行っておかないから」と言われました。「結局、厄のせいにしてるだけじゃん」と言うと、「そもそも、そういうもんなのよ、厄は」と開き直られました。本当にそういうものなのかもしれませんね。

●子どもが生まれて名前を付けるときに姓名判断を調べて画数や誕生日を気にする人もいますね。その子の幸せを願ってということなのでしょうが。何を信じようが自由ですが、何冊も本を買って調べてみればわかりますが、名前の画数も本によって書きぶりが違ったりしますし、本当に何を信じていいのかわからなくなりますよね。占いで儲けて御殿を建てている方がいるのを聞くたびに、遊び程度ならまだしもいきすぎてないかと思ってしまいます。

●血液型をテーマに授業ネタをつくっているときに知人との会話でこのようなやりとりがありました。

　「あのさー、もしかしてＡ型？って、同僚から言われてさ。どうしてそう思ったの？って聞いたら、仕事ぶりが細かいところまで几帳面というか丁寧だからって言われたんだよね。そんなもの、血液型なんて関係ないよって言うと、いやいや結構当たって

るもんだって言って、その人さー引かないんだよ」
　「あー、小さいころは、あなたはB型っぽいって言われたら嬉しかったんだよね。自分を評価されていること自体が嬉しかったんだと思うんだよ。でも、だんだん大きくなるにつれて、自分っていうものがわかってくるでしょ。凸凹な自分のことを嫌いだったり、それでも好きだったりって揺れたりしてさ。そういう時期に血液型でどうのこうの言われるのが苦しくなってきたんだよね」
　「あー、わかるわかる」
　「何にも知らないくせにって。自分のどこを見てそんなふうに言うのか、そんなふうにしか見てもらえてないのかってね。そういう自分にもがっかりするし、そんな見方しかしてくれない相手にもがっかりするし。人ってさー、その人自身が凸凹してて、日によって違う面があったり関係性によって変わるじゃん。人を決めつけるってことって、多様性を認め合う関係をつくっていくときに、目の前に壁が急にそそり立つ感じがするんだよね」
　「そうそう、そういう感じするよね」
　「血液型も占いも非科学的すぎるし、その同僚の血液型でタイプが判断できるって信じてる人、どうかしてるぜって思うよ。血液型でタイプが当たってるかもって自分のことを思っているとしたら、そんな気にさせられてるというよりは、自分ってものがわかってないし、自立してないんじゃないかと思うよ」
　「自立かー。自分のことを見つめられるようになったら、血液型で決められることに嫌悪感を抱くことが多くなるよね」
　「そう。それに、自分のことを大事にも思えてないし、尊敬もないから、信じちゃうのかもしれないよね。そんなの自分がかわいそうだよ」
　「そうかもね。自分のことを大事にできないと、人のことも大事にできないしね。あー、でも自分のことばかり大事にする人もいるか」
　「血液型でどうのこうの言う人や占いにはまってる人って、人を決めつけることが多いんじゃないかって思うよ。それってさー、人を決めつけて差別する要素を持っているって思うんだよ」
●こういった会話の後、1877年に占い禁止令が出たことや、禁止令が出ても庶民は占いをやめなかったという事実を知りました。1871年に賤称廃止令が出ても部落差別は続いたことと重なり、差別や偏見と同じで、根っこの部分で支えているのは人々の意識・感情なんだということを思ったのです。部落差別の解消の推進に関する法律が2016年に施行され、この後、差別禁止法ができたとしても、人々の意識・感情が変わらなければ解消しないと思いました。だからこそ小学生のうちからこのような授業が必要だと思います。
●血液型と性格を結びつけた資料を見てどう思うかについて話し合うときの子どもたちの反応は、「えっ？　べつにいいんじゃないの？」といった感じでした。血液型占いや

血液型性格診断が子どもたちに浸透していることがよくわかりました。おかしいという反応がとても薄かったのです。

●同じ血液型の子たちを集めて性格診断についてどう思うかについて話し合わせると、同じ血液型でも一人ひとり違うという意見が出やすくなります。ただし、AB型など少人数の子や血液型を知らない子への配慮が必要です。また、「私は○型だけど、こんなこともできます」といったプラス意見を言う子に対して、「えーっ、そうかなぁ」といった否定意見が上がることもあります。性格や行動パターンについての話がたくさん出てくるので、授業者の柔軟な対応が求められることもあります。

●子どもたちは血液型の性格診断でもおかしいことに気づきますが、血液型の相性診断まであることを知ると、呆れたりばかばかしいという意見が出てきます。異性の相性診断に関しては、異性が前提であって同性の相性診断ではないことも、決めつけていると意見が出てきます。

●偏見や決めつけについて学ぶきっかけになる授業ネタなので、その学年のはじめの時期にやっておくと、やがて決めつけから始まった問題が起きたときなどに、「血液型の授業のときにいろいろ考えたよね」とフィードバックできます。

●授業後の子どものふりかえりには次のようなものがありました。6年生で5月に実践したときのものです。

• 血液型性格診断は偏見だらけで合っていないことが分かりました。男・女だから○○とか、見ためがこのような感じだから○○できないみたいなのが広がって、みんなが信じるから偏見が生まれるんだと思います。大事なのは、一人ひとりの個性で、その人と話してみることが大事だと思います。

• 私のグループのなかだけでもたくさんの意見が出るもんだなぁと思いました。私の家の玄関に車いすが置いてあるのですが、友だちが家に来ると「えっ、なんで車いすがあるの？」とよく言われます。おじいちゃんが使っているのですが、車いすに、何かイメージみたいなものがあるのかなぁと思いました。

• 肌の色や体型なんかで人を決めつけたくないし、そんな決めつけがなくなるようにみんなが一人ひとりの個性を認め合えたらいいなぁと思いました。

• はじめは血液型性格診断のことをべつにおかしくないんじゃないかなぁと思っていました。でも、グループで話したり、いろいろみんなの話を聞いているうちにおかしいことに気付きました。クラスであんまり話したことのない人とも話して知っていけたらいいなぁと思いました。

• ぼくはよく「Ｏ型だよね」と言われて、「そうだよ」と答えると「やっぱりね」と言われます。Ｏ型だからどうのこうの言われるのって嫌だなぁって思っていたのって、自分だけじゃなくて他の人にもあるんだと思いました。そういうのって偏見っていうことも知りました。

# 14 お肉をつくる人たち

## ねらい

● お肉がつくられるまでの工程や、さまざまな人たちが仕事として携わっていることを知る。

● 米づくりと肉をつくることを比較することで、同じところと違うところについて考え、なぜ違うと感じるのかについて意見を出し合う。

● 食肉産業に携わる人たちに向けられる差別的なまなざしの不合理さを解消していく方法について考える。

● 自分たちの暮らしのなかにある、差別につながるものごとのとらえ方について子どもたち自身が考え、解消していくための方法を考える。

＊この授業ネタは4時間の授業プランとなります。

## 4時間の流れ

|  | 主な学習内容 |
|---|---|
| 第1時<br>「お肉をつくる仕事」 | 牛丼から時間をさかのぼり、お米と牛に行きつくなかで、それぞれの過程でお米もお肉も消費するためにつくられていることを知るとともに、仕事としてさまざまな人たちが携わっていることを知る。 |
| 第2時<br>「同じところ・違うところ」 | 米づくりとお肉づくりを比較することで、食肉産業の仕事を「食べるためのもの」を育てて、食べられるかたちにつくっているととらえる。米づくりとの共通点や印象が異なる部分について考えるなかで、解体作業に対する「かわいそう……」というイメージに焦点を当てる。 |
| 第3時<br>「お肉をつくる人ってどんな人?」<br>＊可能であれば、と場作業員の話を聞く。 | と場作業について参考文献を参考に説明したり、調べる。と場作業員の方に来ていただけるのであれば、実際の解体工程や仕事に対する思いを聞かせていただくことで、「かわいそうなことをするひどい人」といったイメージがいかに不合理なものであるかをつかむ。 |

| 第4時<br>「お肉をつくる人たち」 | と場で働く人たちに向けられる差別的なまなざしについて知るとともに、その不合理さを解消するためにどんな方法があるのかということや、自分にできることについて考える。 |
|---|---|

## 第1時 「お肉をつくる仕事」授業の流れ

| 時間 | 学習活動 | 予想される子どもの反応 | 留意点・準備物 |
|---|---|---|---|
| 0分 | ●牛丼の写真からスタートし、お米とお肉がそれぞれ時間をさかのぼるとどういう状態なのかを4段階に分けて考える。 | ●おー、さかのぼるとこうなるんだ。<br>●お米と牛だ。 | ●画像提示<br>①牛丼<br>②袋詰めのお米／パック詰めのお肉<br>③脱穀したお米／枝肉<br>④稲穂／肉牛<br>●写真資料を活用することで学習に対する意欲を高めたい。<br>●子どもたちの意見に対応するかたちで写真を提示する。 |
| 10分 | **あたりまえを疑ってみよう**<br>●それぞれの段階の間には、どんな仕事があるのかについて、ペア／グループで考え、話し合う。 | | ●子どもたちが、イメージしにくい場合は、参考文献の書籍などから提示する。 |
| 30分 | ●ペア／グループで出てきたことを、全体で共有する。 | ●田植えの作業は牛ではどうなっているんだろう。<br>●稲の刈り取りは、牛では殺しているということかな。 | ●ペア／グループからの意見は板書する。疑問点やひっかかる点があれば、ペア／グループの話し合いに戻す。<br>●たくさんの人が携わっていることを板書しながら確認するとともに、「牛を殺す」仕事があるということを押さえる。<br>●なんとなくお米とお肉では仕事の印象が異なる |

14お肉をつくる人たち　95

| 時間 | 学習活動 | | 留意点・準備物 |
|---|---|---|---|

という感覚を共有しな
がらも、お米もお肉も、
携わる人たちは「みん
なにおいしく食べてもら
いたい」という共通の
思いで働いていることを
全体で確認する。

●個人でふりかえりシート
に記入させる。

| 40分 | ●ふりかえりを書く。 | | |

### 第2時 「同じところ・違うところ」授業の流れ

| 時間 | 学習活動 | 予想される子どもの反応 | 留意点・準備物 |
|---|---|---|---|
| 0分 | ●お米づくりとお肉づくりを比較しながら、共通点についてペア／グループで考え、話し合う。 | ●おー、さかのぼるとこうなるんだ。<br>●お米と牛だ。 | ●子どもたちがイメージしにくい場合は、参考文献の書籍などから提示する。 |
| 5分 | ●ペア／グループで出てきたことを、全体で共有する。 | ●どちらも命がある。<br>●育てて、最後は食べれるようにしている。 | ●ペア／グループからの意見は板書せず、疑問点やひっかかる点があれば、ペア／グループの話し合いに戻す。<br>●つくられる工程は以下のようになる。<br>①品種改良（共通）<br>②苗づくり・田植え／受精<br>③肥育（共通）<br>④稲刈り・精米／出荷・解体<br>⑤市場→小売→消費者へ（共通）<br>●どちらも生物を扱う仕事であるということを押さえる。<br>●まずは共通点に焦点を当て、「変わりがない」ことを確認する。 |

| | | | |
|---|---|---|---|
| 10分 | ●働いている人たちは、どんな思いで仕事をしているのかについてペア／グループで考え、話し合う。 | | ●子どもたちがイメージしにくい場合は、参考文献の書籍などから提示する。 |
| 15分 | ●ペア／グループで出てきたことを、全体で共有する。 | ●食べる商品にしていくために工夫している。 | ●ペア／グループからの意見は板書せず、疑問点やひっかかる点があれば、ペア／グループの話し合いに戻す<br>●どちらも「食べる」ことを目的として生産されていることを確認する。 |
| 20分 | ●お米づくりとお肉づくりで異なった印象を受けた部分についてペア／グループで考え、話し合う。 | | |
| 25分 | ●ペア／グループで出てきたことを、全体で共有する。 | ●血が出るか、出ないか。<br>●かわいそうに思うか、思わないか。 | ●ペア／グループからの意見は板書せず、疑問点やひっかかる点があれば、ペア／グループの話し合いに戻す<br>●「動物を殺す」「命を奪う」「血が出る」などの意見についても大事な意見として扱う。<br>●「かわいそうだと思う」というイメージについては否定しない。むしろ、「かわいそうだと思う」ところがお米づくりとお肉づくりの最大の違うところという方向で話が進むように整理する。 |
| 30分 | **あたりまえを疑ってみよう**<br>●差別はがき投書事件（東京）や、東京のと場に | | ●資料「芝浦と場サイト」から提示 |

14 お肉をつくる人たち　97

| 時間 | 学習活動 | 予想される子どもの反応 | 留意点・準備物 |
|---|---|---|---|
| | 関しては幾度も起こる反対運動により移転を繰り返してきた歴史を知り、「かわいそう」という気持ちをもとに、傷つけたり排除したりすることについて、ペア／グループで考え、話し合う。 | | |
| 35分 | ●ペア／グループで出てきたことを、全体で共有する。 | ●牛や豚がかわいそうな気もするけど、嫌がらせをすることはよくない。<br>●仕事としてやっているのだから、かわいそうじゃないし、人を傷つけるのはよくない。 | ●ペア／グループからの意見は板書する。疑問点やひっかかる点があれば、ペア／グループの話し合いに戻す。 |
| 40分 | ●ふりかえりを書く。 | | ●個人でふりかえりシートに記入させる。 |

**第3時** 「お肉をつくる人ってどんな人？」授業の流れ

| 時間 | 学習活動 | 予想される子どもの反応 | 留意点・準備物 |
|---|---|---|---|
| 0分 | ●自分たちがどうしても「かわいそう」と思ってしまう仕事に関して、説明を聞いたり、調べてみる（実際に働いている人にお話をうかがう）。 | | ●参考文献をもとに子どもたちにできるだけわかりやすく説明する。「芝浦と場サイト」をもとに調べる活動を入れる。<br>＊と場作業員との事前打ち合わせのなかで確認しておくこと。<br>●子どもたちに提示する写真や資料の確認<br>●仕事に対する思いを丁寧に語っていただきたいと依頼する。<br>●作業に対して「すごい仕事」「素晴らしい技術」 |

などのイメージに結びつけるのではなく、あくまでも稲作と比較したときに、お米づくりと同じ思いで仕事に向きあっていることや、ほかの職業と同様に楽しさや誇りを感じながら仕事をしていることを伝えてほしいと依頼。

| | | | |
|---|---|---|---|
| 20分 | ●調べたことや聞かせていただいた話や質問したいことについてペア／グループで考え、話し合う。 | | |
| 25分 | ●ペア／グループで出てきたことを、全体で共有する。 | ●お肉をつくる技術ってすごい。<br>●楽しそうだった。 | ●ペア／グループからの意見は板書せず、疑問点やひっかかる点があれば、ペア／グループの話し合いに戻す。<br>●どんなことでも聞いて大丈夫ということを前提に、子どもたちが聞きたいことを聞ける雰囲気をつくる。<br>●子どもたちの質問に関しては、必要に応じて補足説明や子どもにその意図を尋ねる。 |
| 30分 | **あたりまえを疑ってみよう**<br>●聞かせていただいた話や質問への答えについて、ペア／グループで考え、話し合う。 | | |
| 35分 | ●ペア／グループで出てきたことを、全体で共有する。 | ●と場作業員への差別があったときにできることはどんなことかな。 | ●ペア／グループからの意見は板書する。疑問点やひっかかる点があれば、ペア／グループの話し合いに戻す。 |

| 時間 | 学習活動 | | 留意点・準備物 |
|---|---|---|---|
| 40分 | ●ふりかえりを書く。 | | ●個人でふりかえりシートに記入させる。 |

## 第4時 「お肉をつくる人たち」授業の流れ

| 時間 | 学習活動 | 予想される子どもの反応 | 留意点・準備物 |
|---|---|---|---|
| 0分 | ●これまでの授業で考えてきたこと、「かわいそう」という気持ちをもとに差別することについてペア／グループで考え、話し合う。 | | ●子どもたちが、イメージしにくい場合は、これまで学んできたことを、参考文献の書籍などから提示し整理する。<br>●差別はがきや施設移転の変遷についても再度確認する。 |
| 5分 | ●ペア／グループで出てきたことを、全体で共有する。 | ●差別するのっておかしい。<br>●肉を食べるくせにおかしい。 | ●ペア／グループからの意見は板書せず、疑問点やひっかかる点があれば、ペア／グループの話し合いに戻す。 |
| 10分 | ●BBQをしているときに、一緒に行った人が「お肉は好きだけど、牛をお肉にするのってかわいそうすぎて、自分には絶対にできない。やってる人たちってよくできるよね。信じられない」という発言をしたとき、自分はどのように反応するのかについてペア／グループで考え、話し合う。 | | |
| 15分 | ●ペア／グループで出てきたことを、全体で共有する。 | ●言いにくくても、おかしいよって言っておかないといけないと思う。<br>●そんなことを肉をつくっている人が聞いたらどう思うのかわかってるかと聞く。 | ●ペア／グループからの意見は板書せず、疑問点やひっかかる点があれば、ペア／グループの話し合いに戻す。<br>●結果的に「何も言えな |

| | | ●なかなか言い出しにく い。<br>●誰かが言ってくれるの を待つ。 | い」という意見も尊重し ながらも、「どう発言す ればよいのかわからな いので反応できない」と いうことは、つまりお肉 をつくる人たちへの差 別を認めることになると いうことも押さえる。<br>●差別をなくすための行 動として有効かどうかと いう観点で意見を共有 する。 |
|---|---|---|---|
| 25分 | **あたりまえを疑ってみよう**<br>●自分たちのふだんの暮 らしのなかで、「それっ ておかしくない?」と感 じたときに重要なことは どんなことなのかについ て、ペア/グループで 考え、話し合う。 | | |
| 30分 | ●ペア/グループで出て きたことを、全体で共 有する。 | ●見ているだけではだめ だと思う。<br>●言える勇気をもちたい。 まわりの子の様子を見 て考える。 | ●ペア/グループからの 意見は板書する。疑問 点やひっかかる点があ れば、ペア/グループ の話し合いに戻す。<br>●「おかしいと感じたこと には具体的な行動で反 応すること」の意味を 確認したい。 |
| 40分 | ●ふりかえりを書く。 | | ●個人でふりかえりシート に記入させる。 |

## 参考文献・サイト

- 『焼き肉を食べる前に。―絵本作家がお肉の職人たちを訪ねた』（中川洋典〈聞き手・絵〉、解放出版社、2016年）
- 『屠場』（本橋成一〈写真〉、平凡社、2011年）
- 『牛を屠る』（佐川光晴、解放出版社、2009年）
- 『肉牛の絵本』（うえだたかみち・ささおとしかず、農山漁村文化協会、2005年）
- DVD「いのちの食べかた　OUR DAILY BREAD」（ニコラウス・ゲイハルター監督、エスパース・サロウ配給、新日本映画社提供、2005年）
- DVD「人間の街―大阪・被差別部落」（小池征人監督、シグロ配給、1986年）
- 『うちは精肉店』（本橋成一〈写真と文〉、農山漁村文化協会、2013年）
- 『いただきまーす！』（二宮由紀子作・荒井良二〈イラスト〉、解放出版社、2003年）
- 『カレーライスを一から作る』（前田亜紀、ポプラ社、2017年）
- 芝浦と場サイト
  http://www.shijou.metro.tokyo.jp/syokuniku/rekisi-keihatu/

# ヒント

●東京都中央卸売市場食肉市場へのフィールドワークに参加しました。オフィスビルが立ち並ぶ品川駅前に芝浦と場はあります。働く人たちや観光客が大勢行き交うすぐとなりに、牛や豚からお肉がつくられる施設「と場」があるのです。何重もの衛生チェック施設を通り、まずは豚が解体される施設から見学が始まりました。施設を移動してさらに牛の見学へと続きました。入り口のドアを開けると施設のなかに広がる鳴き声やにおいからも、そこには紛れもなく生きている命があり、「おいしそう」「食べたい」とは思えない動物そのものの姿がありました。一つひとつの工程を作業員が丁寧に説明してくださり、施設内の作業について順を追って理解することができました。芝浦と場は申し込めば見学が可能なので、ぜひ実際に見ていただきたいです。

●放血された後は、豚も牛も天井に張り巡らされたレーンに吊り下げられ、持ち場ごとに細かく役割分担された作業員のもとへ運ばれていきます。印象的だったのは、どの工程においても作業員の動きに無駄なところがなく、見事に処理されていくなかでみるみるお肉がつくられていくことでした。どこまでが動物で、どこからがお肉なのかは人それぞれだと思いますが、私の場合は、皮を剥がれた段階で、目の前にぶら下がっているのは「枝肉」そのもので、「おいしそう！」「食べたい！」と感じました。

●「絶対にこの人と子どもたちを出会わせたい！」。見学を終えた後の芝浦と場作業員との懇談会で、沸々とその思いが大きくなっていくのを感じました。実は、これまでに数回、と場作業員のお話を直接伺う機会はありました。そのたびに、「命をいただくということ」「生活を支えるかけがえのない仕事であること」などのメッセージを伝えていただいたのですが、今ひとつ自分のなかで整理しきれなかったのは、「命を大切にする」ことと「差別を解消する」ことをどうつなげればよいのかということでした。

●「自分たちはこんな都会の真ん中で農業しているんです。食べるために育てられた豚や牛を、みなさんが食べられる形につくりかえている。お米でいえば、田植えをして稲刈りをして精米するのと同じことです」と言っておられた場面がありました。そして「だから僕たちは動物に感謝しながら仕事をするわけではないんです。1円でも高く買われていくように、商品としての肉を最高の状態でセリにかけられるように、生産者のことを考えながら仕事しています。生産者に喜んでもらえるように。いわば、お米づくりと一緒なんです。一緒なんだけど、稲作農家は差別されない。僕たちは厳しい差別の視線にさらされる。これっておかしいと思いませんか？」。品川でこのお話を聞いたときに、授業をつくっていくときの大きなテーマが明確になった気がしました。この「おかしさ」について子どもたちと一緒に考えたい、この人と子どもたちを出会わせたいというところから、「お肉をつくる人たち」の授業ネタづくりがスタートしました。

●5年生で取り組むことをめざしていましたが、学年の先生たちだけではなく、多くの教職員で授業案を検討していくという過程にもたくさんの学びがあると思い、「部落問題学習授業づくり学習会」を立ち上げました。教職員だけではなく、同じ市内で活動されている地域のNPOにも協力してもらい、毎回10〜30名ほどの参加者で学習会を積み重ねていきました。取り組みのゴールをどう設定するのかを中心に据えて、子どもたちと考えたいことはどんなことなのかなど、毎回意見を出し合うなかで、少しずつ授業ネタが形づくられていきました。放課後の職員室では、自ずと食肉に関する話題が増え、ミニミニ学習会のような雑談が繰り返されていきました。

●「部落問題学習授業づくり学習会」の一環で、大阪市中央卸売市場南港市場にも見学に行きました。目の前で行われる作業員の人たちの技術に圧倒されるたびに、厳然と存在する差別の不合理さを参加者の誰もが感じていました。見学の後のお昼ご飯はお肉を使ったメニュー。「ちょっと無理かも……」という人は一人もおらず、作業工程を反芻（はんすう）しながら（牛だけに……）おいしくいただきました。この「実際に経験する」という過程は大変重要だと思っています。とりわけ、今回のように、差別の「おかしさ」をどう考えていくのかということを検討するときには、それぞれが「おかしさ」をどんな風に感じているのかということが問われます。これは、何もと場に関することではなく、フィールドワークで自分がまず実際に行く、学ぶ、感じる、出会うといったことが授業をつくっていくときの大きな原動力になることをあらためて実感しました。

●実際にと場作業員に学校に来てもらい、子どもたちに作業のこと、仕事に対する思いなどを語っていただきました。後日、保護者から「夕飯でお肉を食べているときに、子どもからお肉がどうやってつくられているのかを聞きました。知ろうとしないのではなく、知ることが大事だと思いました」といった意見をいただきました。

●子どもたちは学びを通して、家庭に話題を持ち帰ります。ふりかえりシートに保護者の感想記入欄を設けたり、学級懇談会などで直接保護者に発信してもいいかもしれません。家に帰ってどんなかたちでおうちの人たちに話すのかということは想定しておく必要があるし、保護者の差別意識によって子どもの学びが上書きされてしまうこともあります。あるいは、保護者の反応によって子どもたちの学びがさらに深まったり、身近なものになることもあります。子どもたちが家に帰ってからのことも想定しておくことが重要だと感じた出来事でした。

●「お米づくりとお肉づくり」の対比を通して、おいしく食べてもらうことをめざして命を誕生させ、大切に育て、食べられる形にするといった農業と同じプロセスをたどるのに、食肉業・食肉労働に向けられる差別のまなざしの不合理さを子どもたちと考えていきたいというところからスタートしました。当初は子どもたちから出されるであろう「かわいそう」という印象についても、消費するために誕生させている「経済動物」なので、かわいそうと思う必要がないというかたちでの展開を考えていましたが、授業づくり学習会のなかで「子どもたちのかわいそうという感情を否定するのは違うのではな

いか」という論議になり、かわいそうという気持ちは理解できるけれども、そのことを理由にして「かわいそうなことを平気でできるひどい人たち」というまなざしをと場作業員に向けることの不合理さを考えていくことが重要なのではないかということになりました。

●授業展開については、学校によって、子どもたちの姿はもちろん、地域性、学校として部落問題学習に取り組む体制、ともに取り組みをつくっていける仲間の存在など、さまざまな違いがあります。学校によって、バージョンアップが必要だと思います。食肉業・食肉労働のことをテーマにした授業が、あちこちの教室で実践される期待を励みに、これからも終わることのないアップデートを繰り返していきたいと思います。

## トーク 肉をつくる人

2019年3月＠旧東海道品川宿のお店

**栃木裕さん**　元東京都中央卸売市場食肉市場作業第二課主任

聞き手　**星野勇悟**

「米をつくる人に対してイネ殺しと言って差別しないのに、肉をつくる人に対して牛殺しと言って差別するって、おかしくない？　どちらも命があって、それを食べているのにさ」

そのように、星野が投げ掛けると、「イネは動かないから」と答える子どもたち。

「じゃあ、魚と肉の違いは？　生きている魚をまな板の上でさばいているのを見て、魚殺しと言わずに、いやー、新鮮でピチピチ。おいしそうですねーって、言ってたりするよね」

答えに困り、シーンと静まり返るなかで、「魚は鳴かないから！」とひらめいたように答える子が出てくる。

それに対して、「そもそも水のなかで鳴けるのか？」「魚が鳴かないのはあたりまえだし、鳴かないからって命を奪っていることに変わりはない」「えー、何にも食べられなくなってしまうよ」「そんな命のこととか、考えなきゃいいんだよ」「命は大切だと思いまーす」「じゃあ、どうすればいいんだよ！」と、おもしろいほど子どもたちが意見を出し合う教室。

そんな授業をしてきた星野が、「品川駅前のコンクリートジャングルで、俺は農業をしているだけなんだよ」と語る、肉をつくっている栃木裕さんに聞いてみた。

### ● 解体は朝の仕事

**星野**　栃木さんとはもう十数年の付き合いになってますよね。学校現場にも来ていただき、子どもたちにお話ししてもらいました。芝浦と場の見学も何度もさせていただきました。まだ聞きたいことがあるなぁと思って、このようにトークの機会を持つことになりました。

**栃木**　星野さんが20〜30人引き連れて、初めて芝浦の見学に来たのは。今ではのべ100人近くになってると思うけど、大阪の先生たちって熱心だよね。いろいろ質問してくるしさ。

**星野** 芝浦に見学に来るってだけで、すでに関心を持っている教職員ってことなんでしょうし、聞かずに帰るのって、もやもやするんじゃないですかね。それに新幹線に乗って来てるんやから、何かネタになるお土産を持って帰らんと（笑）。と場見学といえば、いつも打ち合わせ段階から感じていたんですけど、と場の作業って朝早くからしているイメージがあるんですけど、どうしてなんですか。

**栃木** 豚だったら一頭処理するのに30分、牛だったら45分ぐらいかかるかな。それが何百頭も流れてくるわけ。最初の作業をする人と最後の作業する人では、当然作業開始や作業終了時刻が違うんだけど、終わりの時間が大事。俺たちの作業の後には肉屋さん、皮屋さん、内臓屋さんたちの仕事が残っているんだよね。

**星野** ということは、その人たちの仕事に間に合うように作業を終えなければいけないっていうこと？

**栃木** そういうこと。解体の仕事は解体したら終わりだけど、そこからの作業の人たちがいる。たとえば肉屋さんだったら午後2時から競りが始まるんだけどさ、競りに間に合わせるためには、肉を1時までに冷凍庫に入れてほしいと。そこから逆算すると解体作業は12時45分に終わっておかないと冷凍庫に入れられないわけよ。できれば午前中に解体作業を終えてほしいという要望もある。まぁでもね、頭数によって作業ってかかる時間が変わるから、そううまくはいかないんだよね（笑）。

　モノを作る仕事だったら、その商品を作れば終わりだけど、俺たちと場の解体作業はそこから先の仕事が待っている。このお店の内臓、おいしいでしょ。この内臓にしても解体の後、内臓屋さんたちがいろんな処理をしてくれているから、こうやって食べられるわけだよね。と場作業員のしている仕事って最終の仕事ではない。扱ってるものは最終の商品じゃないということ。みんなの使うものや食べるものにするには、そこから後の作業をされる方がいるということなんだよね。みんなの夜の食卓に間に合わせようと思えば、逆算すれば早くなるよね。

**星野** だから、解体の作業は朝早いと。ちなみに休日出勤とかはあるんですか。

**栃木** あるねー。一日のマックスの処理頭数を増やすことはできないんだよ。マックスは解体するときに出る汚水を処理する処理センターの処理能力から計算された頭数になるんだけどね。うちに入る牛や豚は、飼育農家さんから事前に予約が入るんだけど、その段階でマックスを超えるようならお断りをする。

　年に一回あるかないかの休日出勤っていうのは、年末だね。贈答品とか加工品とかでお肉が必要になる時期があるでしょ。でも水処理の関係でその日の頭数は決まっている。というわけで、休日に出て作業になると、12月の第2土曜日とかね。カレンダーによって、お正月休みが長かったりすると、初荷を早くしたいということで、1月5日にしたこともあったね。

トーク　肉をつくる人　107

**星野** へー、休日出勤があるんですね。でも、みんな一斉に出勤という感じですよね。昨今「働き方改革」と言われ、教育現場にもその波が押し寄せてきているんですが、仕事量がさらに増えている教職員には、それ相応の残業手当は支給されず、働かされすぎていて疲弊しているんですよ。見てくださいよ、この顔。疲れ切ってるでしょ（笑）。

**栃木** そうかもね（笑）。星野さんっていくつなの。

**星野** あー、よく年を聞かれるんですよね。もう50代ですよ。

**栃木** えっ！　ごめん、30代とか40代前半だと思ってた。あー、それなら疲れた顔というよりは、年相応の顔かな（笑）。

**星野** 年を聞いて納得みたいなのって、どういうこっちゃ（笑）。ちなみに解体後の仕事があるから、と場では残業がないってことですか。

**栃木** いや、機械に不具合が起きると、すべての流れが止まるから、そういうときは残業になることもあるね。めったにないけどね。あとは、病気になっちゃった牛や豚で、今解体しなければ死んじゃうかもよっていう場合は、その日の当番の人たちがやらなきゃいけないこともある。

**星野** じゃあ、解体の仕事はこの作業部分だけができたらいいというのでは通用しないですね。一通りできるようになっているほうがいいわけですね。

**栃木** そうだよね。牛や豚は、病気を持ってたりするとクセがあったりしてね。大変なんだよ。4時ごろ呼び出しくらったことがあってさ、もうその牛がトラックから降りられない状態で。それをチェーンで引っ張って降ろすのにも時間がかかって。その間も俺たちはずっと待ってるわけ。2人がかりで解体を始めるんだけど、終わったときにはもうずいぶん遅くなっちゃったじゃねぇかってね。

**星野** その日も朝早くからの仕事をして、それからの作業ってことですよね。

**栃木** そうそう。でもBSE検査の人がいないとできないよ。午後5時には帰っちゃうからね。

**星野** ところで、枝肉にブランドみたいなものってあるんですか。松阪牛みたいな飼育地や飼育状況によって違いがあることも知っていますけど、ここで解体すると価値が上がるみたいな。

**栃木** 芝浦直送の肉には、ブランドのようなものがあるんだよ。魚でいうところの築地直送、今なら豊洲直送かな。このお店の肉や内臓も芝浦直送。芝浦直送っていうだけで価値が付く。だから飼育農家さんは牛や豚を芝浦に出したがる。どうしてもマックスで受け入れてもらえず、それでもその日に出したい場合は、他で解体して、枝肉の状態で芝浦の競りに出すということもあるくらいだよ。小売店やお肉を扱う店にしてみれば、芝浦で競り落としたということで価値が上がるわけ。

## 家族を大切にするため勤めたと場

**星野** おもしろいもんですね。ところで栃木さんって小学生の頃って、やりたかった仕事ってあるんですか。

**栃木** なかったね、とくには。今はさー、歴史だね。歴史の仕事。いや、趣味だけどね。

**星野** ぼくも歴史が好きで、大学も日本史近世専攻なんです。

**栃木** だから詳しくて話も合うんだね。いやぁ、この店に来るまで、品川の駅前から歴史の話で旧東海道をぶらぶら歩きながら、こんなに盛り上がったのってなかなかないもん（笑）。子どもの頃って、星野さんは何かやりたいことはあったの。

**星野** ぼくは母が教師になりたかったんですけど、家庭の事情とかもあってなれなかったので、小さいころから学校の先生になってみてもいいかなぁとは思っていましたね。

**栃木** 俺は、親が教師だったから、絶対になりたくなかったね、教師には。あんな人間にはなりたくないって思ってたんだよ。

**星野** えー、こんな人間（笑）？

**栃木** そうそう（笑）。見ていて大変そうだったし、家でガリ版刷ってたりしててさー。田舎だからさー、中学になると父の教え子と同じクラスになったりするわけよ。それで、からかわれてさ。先生の子ってことだけで、絶対に悪いことなんてできなかったしね。

**星野** でも、してたでしょ（笑）。

**栃木** まぁね（笑）。あ、このタンおいしいよ。それがタン先。こっちがタン元。食べ比べてみるといいよ。レバーもおいしい。

**星野** 芝浦直送で新鮮だからおいしいですね。たしかに食感が違いますね。

**栃木** でしょ。ま、俺はあんまりレバー好きじゃないんだけどね（笑）。

**星野** どないやねん（笑）！
　ところで、前にも聞いたことありましたけど、と場作業員になったいきさつは、どんな感じでしたっけ。

**栃木** 23歳のときに子どもができてさ、大学中退して、とにかく働かなくちゃならんと。

**星野** あ、そうでしたね。

**栃木** 最初はプログラマー。

**星野** コンピュータの？

**栃木** そのころはね、オフィスコンピュータ、オフコンって言ってね。

トーク　肉をつくる人　109

**星野** 昔のやつですよね。Windows が出るよりずいぶん前の。

**栃木** そう。今スマホでできることが、機械を並べたら体育館くらいのスペースが必要だったっていうやつね。

**星野** プログラミングの技術を持っていたと。

**栃木** いや、ない。

**星野** はぁ？

**栃木** 中学生の英語レベルがあればできたんだよね。なんとか少しでも稼ぎたいから残業したんだよ。200 時間。

**星野** そんなの死んじゃいますよ。

**栃木** ほぼ死んでたねー。死にそうになって、ヤバかった。それで辞めた。でもさー、やっと覚えた技術を使えたほうがいいじゃん。ハローワークの機械のスイッチのどこかを作ったりもしたね。近所の冷凍食品の問屋さんで経理をやったりもしたしね。

**星野** 経理もできたんですか。

**栃木** いや、したことなかった（笑）。

**星野** どないやねん（笑）！　よくまぁ、何とかなってましたね。

**栃木** 大学さー、文学部史学科だからさ。

**星野** 全然違うやん（笑）！

**栃木** 考古学専攻なもんで。

**星野** もう、ようやるわ（笑）。埴輪しか、いじってないやん。

**栃木** 簿記なんか習ったことないけど、どうにかなってさ。

**星野** あー、土器から簿記に転向ね（笑）。

**栃木** うまいっ（笑）！

　その経理のところで「アイウエオ順に並んでいると仕事が楽なんだよなぁ」っていう話を聞いて、プログラミングの技術が使えるからさ、簡単にできますよと。そこで重宝がられたわけよ。27 歳までやったかな。2 人目の子どもも生まれてさ。経理だから、時期によっては子どもの保育所とかのお迎えが大変になってきて、それで辞めたいなぁって思い始めてたんだよね。家族のために稼ぎたいのに、家族に会えないのは本末転倒だと思ったんだよ。

　考古学の先輩にそのことを愚痴ったらさ、「じゃあ、うち来いよ」ってことになって。先輩に「何時に仕事終わるの？」って聞いたら「11 時には終わるぞ」って言うわけ。「それじゃあ、今と同じだよ」って言うと「おまえのは午後 11 時だろうよ。こっちは午前 11 時だから」って。

**星野** それなら、子どもの迎えに行けるというわけですね。でも、朝終わるって、どんな仕事なんだって思いませんでした？　何時から始まるのって。

栃木　そうだね。その頃もね、作業は午前8時からだったけど、新人は洗濯物配ったり、作業準備で7時ごろからだったんだよ。4時間労働で子どもの迎えも行ける。

星野　それが芝浦と場だったと。1985年ですね。

栃木　そうそう。入都1985年。

星野　入都？　何ですか、それ。

栃木　会社に入って何年？　とか聞かれたら何て言う？

星野　入社5年とか、勤続5年とか。

栃木　だよね。東京都の職員はね、入都何年、都歴何年って言うんだよ。入社式じゃなく、入都式だからね。おもしろいだろ。

星野　東京都の公務員であることがプライドや、ステータスみたいな。

栃木　そうだね、俺なんか18歳のときから東京都民だからさ、入都って18だと思ってたんだけど。

星野　そのときは入都してなかったってことや（笑）。

栃木　そうなんだよ。実際は28歳でようやく入都（笑）。

星野　結局、家族を大切にしたいからということが、と場に勤めることになったきっかけということですね。当時はパパが迎えに行くって、まだ少なかったんじゃないですか。

栃木　そうだね。でも、いわゆる男としての差別意識みたいなもんもあってさ。俺の栃木っていう名前は前の配偶者の名前なんだけど、その結婚のときって、まわりはだいたい男の名前だったわけ。別性とかあんまりまだなくてね。俺は別にどっちでもいいじゃんって思ってたし、彼女の名前を選んだのね。でもさー、「なんで彼女の名前にしたの」とか「養子に入ったの」とか言われるたびに、いちいちカチンときてた俺もいてさ。それもおかしいじゃんって気づくようになる。当時は、男のプライドみたいなもんがあったのかもね。

星野　ぼくも子どもの送りとかしていたときに、あるいは洗濯物を干したり、近所の人たちに見えるところでやると「いいお父さんねー」って言われることがありましたね。女性がやっていても「いいお母さんねー」って言わないくせに。身のまわりのあたりまえを一つひとつ疑って、おかしいものは覆していかないと。

栃木　本当にそうだよね。

## ◯ 職人の世界

星野　芝浦に入ってからは、仕事が長く続きましたよね。この春に辞めることになったということは、34年。私たちや子どもたちにも、と場労働の楽しさを話すじゃないですか。途中で辞めたいって思ったことはなかったんですか。

トーク　肉をつくる人　　111

**栃木**　うーん、おもしろくなったのは、しばらくやって仕事が順調にいくようになってからだよ。初めてこの仕事を辞めようと思ったのはね、先輩の技を苦労して盗んで、自分なりにうまくできるようになってきた頃に機械化が進んでさー。誰でもできるようになってきちゃったわけよ。そんときは辞めようかなって思ったね（笑）。

**星野**　苦労したのにね。

**栃木**　そこまで地獄のような苦しみを味わってたどりついたのに、なんでこんな機械入れるんだよって思ったな。機械ぶっ壊そうかと思ったよ（笑）。

**星野**　コツをつかむまでどれくらいかかったんですか。

**栃木**　半年。職人なんて技術のことを絶対しゃべらない。見りゃわかるだろって。代わってみろよとか、手握って「力加減はこれくらいだ」なんてさ。感覚だよね。角度とかそういうんじゃなくてさ。

**星野**　栃木さんも後輩たちにはそんな感じで伝えてるんですか。

**栃木**　時代が違うよね。ここんところはこの角度でとか優しくね。殴ったりしたらダメだし。パワハラになるようなことはしないね。俺らは鉄の棒でパーンって殴られたりしてたけどね。ヘルメットの上からだけどさ。仕事がうまくできるようになってからは、達成感があるからおもしろいわけで、修業の時期は誰でもつらいよね。

**星野**　作業がうまくいかなかったら、商品価値が落ちてしまうという緊張感って、コツをつかんだ頃からあったんですか。

**栃木**　ないよ、そんなの（笑）。先輩に怒られるのが嫌だっただけだね。でもさ、先輩が肉の業者さんとかにいろいろ言われているのを聞いたりするわけよ。「ここ、こんだけ肉を傷つけてたら、価値が下がって荷が来なくなるぞ」なんてね。そうやって、いろいろわかってくるわけよ。

**星野**　この春に仕事を辞めることになって、率直にどんな感じですか。技術を持っているわけですし。

**栃木**　まぁ、さびしいよね。

**星野**　さっき、と場の中を、牛の係留所からいろいろ案内して見せてくれたときに、栃木さんがここでこのような作業をしてこんなことがあったんだよって話してくれていたけど、その語り口が懐かしそうだったんですよ。

**栃木**　やっぱりわかった？　そうなんだよ、懐かしかったんだよねー。牛を縛るロープとかさー、今でもできるからやってみたかったよ。豚の頭を取るところとか、もっとうまいことやりたかったなーとか思うこともあってさ。もう一度やってみたいって思うね。牛のノコは、ちょっとずれるとダメになるってわかってるから、こわいっていうのが先に立って、やりたいとはあまり思わないけど。仕事をしているときは、こわいからこそおもしろかったんだけど、一度離れるとダメだね。もともと不器用なん

だろうね。

**星野** 結構、器用そうに見えますけどね。今まで仕事中にケガをしたことってありますか。ナイフってむっちゃ切れるんでしょ。

**栃木** ほら、ここ。

**星野** あー、切れた痕ありますね。こういうケガって、治るまでは仕事できませんよね。

**栃木** 抜糸まで一週間くらいは無理だったね。ナイフで切るくらいなら、まだいいんだけど、肘が腫れて水が溜まったことがあってさ。病院に行ったら腱鞘炎のひどいやつって言われて。これが、労災にならないって言うんだよ。

**星野** 仕事でなったんでしょ。

**栃木** もちろんそうだよ。でもさー、テニスやっててもなるでしょって言われちゃうんだよ。まいったよ。テニスなんかやりませんって言っても、金属疲労みたいなもんで、そのときにケガしたっていう感じのものじゃないからさ、なかなか証明できないみたいで。右利きだから右手にナイフ持つじゃん。だから右に力入れて右手で仕事をしてるって思われるんだけど、実際は左手で皮をつかんで引っ張りながらナイフを入れるから、左手で仕事してるんだよね。左に力入れて調整してる。だから左手が疲れる。

**星野** 他の作業員さんでも、そういう症状が出る人多いんですか。

**栃木** いるよね。ケガをきっかけに仕事の配置換えをしてもらう人だっているよ。

**星野** 辞めちゃう人もいるんですか。

**栃木** ケガで辞める人はいないけど、作業に向いてないから辞めたほうがいいぞっていう人はいるね。ナイフを使う仕事は見極めてやらないと危ないからね。かわいそうだけどさ。それぞれの部署の上司が見極めて判断してやる。たとえ頑張ってても、うちの部署では無理だから、おまえんとこはどうだみたいな会議もするね。年に応じた作業の部署もあるしね。

**星野** それぞれの作業を若手に継承するのも大事でしょうしね。

**栃木** いやー、なかなかこの職人の世界は譲るとか継承するとかはないね。頑固な人が多いよ。自分のやり方が一番だと思っているしね。

**星野** 作業のマニュアルなんて作れないでしょうね。この人に付いていくみたいな師弟関係みたいなものはあるんですか。

**栃木** 最初に付いた先輩が、まぁ師匠みたいなことになるのかな。他の先輩に付いてた若造が俺んとこで作業しているときにさ、ナイフこう持ってこうやったほうが楽だぞって教えてやっても、いや、俺はこのやり方でいいんですとか言って聞かないんだよ。たまたま最初に付いた先輩の名前つけて、俺は〇〇派ですからとか言っちゃってさ。

**星野** 職人の世界やわー。

**栃木** そうそう。あとね、組合の違いを感じることもあるんだよね。俺がやっていると場労組っていうのは、もとは内臓屋さんがタダ働きをやらされてたときに結成した労働組合なんだよ。解体作業員を都が半分に減らしたのね。そのときに内臓屋さんに作業をしてもらうことになるんだけど、同じ仕事をしているんだから同じ公務員にしろってことで闘ったわけ。

　組合活動をするなかで、さまざまな人権問題についても学んでいくことになるわけだけども、もう一つの都の労組はそのあたりが違うみたいで、豚の頭を取る作業をしているときに「あぁ、やっぱりおまえは内臓屋のほうだな」って言われることがあってさ。俺は先輩から教わったやり方で作業しているだけなんだけどさ、肉をほっぺたの側につけて切り取るか、肉のほうにつけて切り取るかで100グラム違うだけでもさ、ほっぺたのほうにつければ内臓屋のものになるわけで、それでそういう言い方をしたみたいなんだよね。なんか理不尽な言われ方をしたって思ったんだよな。

**星野** そういうことってあるんですね。組合が違うとあんまり交流ってないんですか。

**栃木** いや、俺はと場労組の仲間とはいつでも行けるからわざわざ飲みに行ったりしないけど、都の労組の人とは行くんだよ。組合が違っても、作業の息を合わせなきゃ仕事にならないしさ。職場の人とは仲良くしたいじゃん。

## ● 親から受けた差別

**星野** どの業界、どの職場にもいろいろな人がいますよね。多様な人のなかで仕事をするからおもしろいし、さまざまな発見があると思います。ストレスも感じますけどね。栃木さんの話のなかで、差別はがきの話がありましたけど、今でもそのようなことってあるんですか。

**栃木** 今はネットだね。いろいろ書かれているみたい。俺さ、いちばん腹が立ったのは、市場内でたまたま転んだときにトラックに轢かれて亡くなった先輩がいたんだ。それがネットニュースに載ったんだよね。それについてさー、いろいろ書き込む人がいたんだよ。自分が殺してたから殺されたんだとか、差別語で〇〇らしい死に方だ、因果応報だとか。まぁ、いろいろ書き込まれたのは、腹が立ったな。市場の門の外なら「ご冥福をお祈りします」なのに、中だと違うんだぜ。先輩の家族だってその書き込みを見る可能性あるじゃん。たまらんぜ。抗議して流れなくなるまでだいぶかかったよ。

**星野** 震えますね、そういうの。許されへんわ。

**栃木** その亡くなった先輩さー、俺が小さい娘を職場に連れて行ったときに「どんな

にかわいくても、おまえ芝浦に入ったんだから、どうせ○○の子なんだよ」って言ったことがあったんだよ。ひどいって憤慨したら他の先輩から「あいつもいろいろ嫌な目にあってきたんだろうから、何も言うな」って言われてさ。荒い言葉を使ってはいたけど、俺に「ここは差別があるからな。おまえのかわいい娘も差別されるかもしれないんだぞ」と教えたかったんだと思うんだよ。差別の現実を自覚しろよってことなのかもしれないけど、あのときはびっくりしたよ。そんなこと言う人もいるんだって思った。でも、みんな少なからずあるんじゃないかな。あってもないことにしたり、考えないようにしたりする人もいるだろうし。

**星野** 栃木さん自身は、差別された経験はあるんですか。

**栃木** 親からね。

**星野** 自分のですか。

**栃木** そう。俺さー、芝浦に勤めることになったとき、公務員になったわけだから自慢げに親に伝えたんだよ。そしたら、おまえ「汲み取り屋」みたいな仕事するのかって言われたんだよ。俺は、「汲み取り屋」も東京都の仕事だし、俺は市場の仕事なんだよって答えたんだよね。でも、後になって考えてみたら、小さいころ近くに「汲み取り」の仕事をしている人たちがいて、父からあそこに行って遊ぶなってよく言われてたんだよね。部落問題とそこで結び付いたわけ。

**星野** 「汲み取り屋」というのは、部落の人を指していたと。

**栃木** うん。つまり、おまえ、部落みたいな仕事をしているのかと言われたことになるわけ。親が安定した公務員になったと聞いて喜ぶと思って話したら、そのような言葉が返ってきて戸惑ったんだよね。うちの父は教師だったけど、同和教育が大嫌いだったんだよね。人権の研修で部落の人が講師だったらしくて、父は「教育のプロの俺がどうして『汲み取り屋』から教わらなきゃならないんだ」と言っていたこともあったんだよ。

**星野** そうでしたか。聞いていると、残念ながらお父さんは偏見を持っていた感じがしますね。これまで、栃木さんは、いろんな学校に行って話をしてきたと思いますけど、栃木さん自身が変わってきたことってありましたか。

**栃木** かつて東京都の職員向けとか大人向けに話をしてたんだけど、ある日、都内のある小学校に話をしに行くことになったんだよ。そしたらさー、頭真っ白になっちゃったんだよね。何か怖くなっちゃってさ。なんなんだろうなぁ、あれ。

**星野** 反応が素直だからじゃないですか。あるいは、伝わるかなぁという緊張からとか。

**栃木** あの頃はねー、仕事が好きだっていう話はしていなくて、差別の話ばかりしてたんだよね。こんなつらい思いをしたとかさ。俺、自分の結婚のときに、彼女からこ

トーク　肉をつくる人　115

んな話されたんだよね。「お父さんから彼は部落なのかって言われたから、彼は部落じゃないわよって言っておいた」って言われてさ。「いやいや、お父さんはこの仕事をしていることで部落の人だって思っているってことなんだから、そこはそう答えちゃうとその偏見に乗っかっちゃうことになるわけでさー。わからないとか知らないとか答えてほしかった」と。「俺は仲間を裏切りたくないんだ」っていうふうに彼女に伝えてね。

## ● 伝えたいのは、と場の仕事の楽しさ

**星野**　差別の話ばかりしていたのが、この仕事って必要でしょ、この仕事っておもしろいよっていう話をするように変わっていったのは何かきっかけがあったんですか。

**栃木**　学校に行ってね、こんなつらいことがあったっていう話ばかりして、そこに部落の子がいてさー、こんなところに生まれるんじゃなかったって思ったとしたら、よくないなぁって思ったんだよね。この仕事おもしろいんだっていう話をしたら、自分もやってみたいって思える子が出てくるかもしれないじゃん。部落の子がと場の仕事っておもしろいって話を聞いてさー、うちの親の仕事もおもしろいのかもって思ってくれたらいいなぁと思ったんだよ。

　そのきっかけになったのは、差別糾弾闘争なんだよね。差別した人がこんなことを言ったんだよ。「つらい思いをしながらお仕事をなさっているのに、差別的な発言をして、勉強不足でした」みたいなね。これにはムカついたんだよね。つらい思いしながら仕事してないっつーの。そして、俺も差別の話をすればするほど、「あぁ、やっぱりな」と相手の差別意識を強めるだけになっていたんじゃないかと感じるようになったんだよ。それがきっかけかな。でもさー、「この仕事が好きだ。おもしろい」と言うと、たいていびっくりされるね。こうしたびっくりする価値観こそ、破壊しなきゃいけないんじゃないかと思うんだよね。

**星野**　部落の子が下を向いたり、自分の生まれたところや、おうちの仕事のことをマイナスに感じちゃったら、それはよくないですもんね。また、部落の子に限らず、どの子も部落差別っておかしいって気づいたり、自分の身のまわりの関係性を見つめてもらいたいって思いますね。

　と場の仕事がおもしろいっていう感覚って、栃木さんはコツを覚えてきた頃からだって言ってましたけど、子どもたちに話すようになったのはずいぶん後になってからですよね。仕事のおもしろさってじわーっと湧いてきたり、振り返ってみて気づいたりすることってあると思うんですよ。

**栃木**　うん。仕事が終わって、職場の連中と飲みに行くじゃん。そしたらさー、みんな仕事の話ばかりするわけよ。「あそこのナイフの入れ方がどうのこうの、こうやっ

て回したらすばやくできた」って。それってさ、その仕事が好きで、おもしろさがあるからだと気づいたっていうこともあるね。ここでそんな話ばかりしてる連中って、みんなこの仕事好きなんだなぁって思えたんだよね。人の嫌がる仕事を嫌々しているとか、そういうことじゃないと。

　と場のことを書いた本や絵本があるけど、牛の命をいただきますとか、かわいそうなことをしているんだから残さず食べなさいとか、肉になる前の牛が涙を流していたとか、本当は嫌がられる仕事だけど誰かがやらなくちゃならないとか、そんな感じのことを書いてるじゃん。そういうの、いい加減にしてもらいたいんだよね。

**星野**　なんだか、と場で働いている人のイメージや感情を、勝手に決めつけている感じがするんですよね。

**栃木**　そういう、と場労働者像を壊したいんだよ。どうして俺たちは「後ろめたさ」を持たされて「免罪符」を提示されなきゃいけねぇんだって思うんだよね。

**星野**　あー、免罪符ってやつね。その免罪符のことで、以前栃木さんは、牛を殺して解体することをなんで「牛を割る」「牛を解く」って言い換えるんだよって、話してましたよね。

**栃木**　うん。そうそう。

**星野**　牛を「殺す」っていう言い方は、と場の人もあんまり使わないと思うんですけど。背骨のところで二つに割って枝肉にすることから、「牛を割る」という言い方をしていると、ぼくは聞いてきましたし、子どもたちや同僚にもそのように伝えてきました。「牛を割る」って業界用語というか、そのように言い表すものだと思い込んでいて、背割りの様子から「牛を割る」ってイメージしやすいなぁと思っていました。と場の人の使っていた言葉を何のフィルターも通さずに、子どもたちや同僚にそのまま伝えていただけ。

　でも、栃木さんに「俺たちのことをさー、差別する人にしてみりゃ、牛を殺していることに変わりねぇじゃん。『殺す』を言い換えずにあえて使うことで、その差別を投げ返すようなところがあるわけよ」っていう話を聞いて、あえて使って差別する人に対して投げ返すこともあっていいよなぁって思ったんですよ。あのとき、水平社宣言と重なってね。「犠牲者がその烙印（らくいん）を投げ返す時が来たのだ」という一文がありますよね。そのときから、もし言葉を言い換えているとしたら、それはどうしてなんだろうと思いましたね。

**栃木**　そうだよ。「殺す」と言わずに、「命をいただく」「命を解く」などと言い換えたりさー。なんでなんだよ。殺すのはかわいそうだけど、肉を食べたいっていうみんなのために、涙をこらえて気持ちを押さえて仕事をしているって、言われるのっておかしくないか。

**星野**　言葉を言い換えることで、命を大切にしてますよー、みんなのために仕方なく
やっていることなんだからねーみたいな感じになるんですかね。厳しい差別の現実が
あるからこそ言い換えてきたという事情もあったようにも思いますけど。

**栃木**　と場の中には差別も後ろめたさもないんだよ。みんな、技術を研鑽（けんさん）して楽しん
で働いてるのにさ。技術の仕事は楽しいもんだよ。でも俺がさー、学校で子どもたち
に、この仕事おもしろいんだよって話したら、みんなびっくりするんだもん。俺の話
の前に、子どもたちはいったい何を吹き込まれているんだって思っちゃうよ。学校の
先生たち、さっき話してたような本を読んだり見せたりして、子どもたちに先入観を
持たせちゃってること、わかっているのかなぁ。

**星野**　たしかにいますね、そのような先生たち。ものすごく違和感というか、嫌悪感
に近いものをぼくは感じています。

**栃木**　そうだよね。嫌な仕事をしているけど、差別をすることはよくないんだって
子どもたちに伝えたらさ、俺の仕事を選ぶ子どもなんているのかって思うよ。まぁ、
ノッキング（屠殺用の銃で頭部に衝撃を与えて意識を消失させること）や放血のシーンとか
はショックかもしれないからさ、できるだけ触れないようにとか配慮はするんだけど
さ。子どもたちに話に行くときは、リクルートに行くつもりで話をしてるんだよ、俺
は。ちゃんと伝わるよ、子どもたちには。

## ● 教職員の姿勢

**星野**　ぼくは、と場の方に来てもらって話をしてもらうときに、使っている道具を
持ってきてもらって、子どもたちに見せてもらいます。道具を大事にしている話と
か、使い込んでいる道具を見て、子どもたちはすごい仕事って感じるみたいです。ぼ
く自身もそう感じます。

**栃木**　新幹線に乗って、大阪の子どもたちにも俺のナイフとか見せてやりたいよね。

**星野**　銃刀法違反にならないようにしなきゃね（笑）。仕事の楽しさを語る職人の姿
を見れば、子どもたちの目は輝きますよ。もしかしたら、学校から、差別の話をして
ほしいとか、と場労働のつらさや苦労を話してくれというオファーをされてきたん
じゃないですか。

**栃木**　そのとおり。それもある。腹が立つのはさー、特に教職員に多いんだけど、栃
木さんの被差別体験の話をしてくださいっていうわけさ。そんなもん、なんであんた
や子どもたちに話さなきゃならねぇんだよ、そんなもんは飲み屋で仲間に話すことだ
ろって思うよ。やたら聞きたがるよね。それを話させてどう使うつもりなんだ、あの
先生たちは。ほーら、こんなつらい思いをしている人がいるんだから、差別しちゃだ
めよってことか。

**星野** あー、あるあるですね。差別したらあかんってことは、子どもたちもはじめから知ってますからね。そこがわかっていないと、部落問題の授業をやりましたよっていう既成事実だけを作ることになる。自己満足的なね。

**栃木** そうなんだよ。教職員はそこをわかってるのかなぁ。被差別体験を聞きたがったり、涙をこらえた美談のような話を求めてくるんだよね。もしすし職人から話を聞くとして、職人としての技術的な苦労話や楽しいことの話より、魚への供養の話をしてちょうだいって頼むのかって思うんだよ。すし職人から魚の供養の話を聞いたことあるか？　いや、もちろんと場作業員が美談を語ることはあると思うよ。でもそれは、この差別社会がそのように強制しているんじゃないのかって思うんだよね。その強制に逆らうとさー、どうなるかわかるじゃん。

**星野** 逆らったがために、差別されると。差別されないように、予防線じゃないけど、美談を語れというわけですよね。あるものをないことにして、フタをするみたいで、おかしな話ですよ、まったく。

**栃木** 30年くらい前にさ、若い先生に「私たちよりも給料も少ないだろうに、差別に負けずに立派ですよ」みたいなことを言われてさー。ムカついたなー。実際、給料は教職員とそんなに変わらなかったしね。なんなんだよ、差別に負けずにって。俺の父親といい、こうした上から目線の教職員って多くないか？　人権教育に熱心な教職員のなかにもいるよね。と場の人間に、被差別体験や涙をこらえる話ばっかりさせていいのかって思うね。偽善の善意に無自覚な差別者が、いちばんの困り者だよ。

**星野** そういう先生が、本気で差別をなくそうとしているとは思えないんですよね、ぼくは。今回の本で食肉をテーマにした授業を提案させてもらってるんですけど、昔は被差別部落の仕事のひとつとして食肉産業ってありましたけど、今は食肉産業＝部落の仕事ではないですよね。ただ、差別するときに肉をつくる仕事と部落問題を結び付ける人は今でもいるのが悲しい。そもそも人間が食べる肉にする目的でつくられた命、育てられた命である牛や豚。それを肉にしているだけなのに「牛や豚がかわいそうだ」「牛や豚を殺している」とか言う。そしてそんなことをするのは被差別部落の人だと結び付ける。さらに、そういうことをしているからあの人たちは差別されるんだと言う。

**栃木** その肉やホルモンをおいしいおいしいと食べておきながらね。

**星野** おかしなことだらけですよ、まったく。それから、被差別部落の人って言ったり、自らを被差別部落出身っていう人がいますけど、被差別って差別されるという意味ですよね。差別する人がいるから被差別の人が生起するわけで。差別する人が偏見で、決めつける・みなすことで被差別になるわけでしょ。ということは、被差別部落の人って言ったら、その人のことを「差別される人です」と言っていることになり、

トーク　肉をつくる人　119

被差別部落出身と自ら言うことは、自分のことを「差別されるところの人です」と言っちゃってることになります。ひいてはそのように顕わされることで、その人の生まれ育った地域やその人の血縁者が、被差別部落や被差別の人ってアウティングされることにもつながるわけで。もちろん、その情報を使って差別することがいけないんですけどね。

　でもね、「反差別の立場です」って言えばいいのにって思うんです。被差別当事者じゃなくても反差別の立場で行動している人はたくさんいます。部落問題は、差別する人によって、被差別の人が生起し実体化するわけだから、差別する人をなくしていくしかないと思います。その目的のために、あえて被差別部落出身と名乗っている人もいます。そのあえてが、もう通用しなくなってきているなぁと思うんです。本当におかしいことだらけですね。今でも部落差別する人がいるために、結婚するときに自分も差別されるかもしれないと思ってビクビクしたり、付き合っている相手にいつ自分のことを伝えようかと悩んだり……。もういい加減にしてほしい。みんなが反差別の人であってほしいと思います。みんなが自分の生まれ育ったところや自分につながる人たちのことを、胸張って語れるようにしたいんです。ただ、それだけなんです、ぼくは。

　ぼくは、できるだけまわりの人たちを差別したくないし、少しでもましな人間になりたいと思っていて、教室で部落問題学習をするときって、子どもたちのなかにそういう反差別の仲間を一人でも増やせたらいいなぁと思っているんです。

　子どもたちに伝わったかなぁ、浸み込んでくれたかなぁって毎回思うし、今でも悩みながら取り組んでいます。悩みっぱなしですよ。それが楽しかったりするんですけどね。

**栃木**　そういえば、星野さんって、あんまり先生って感じしないよね。

**星野**　それ、褒めてるんですよね？

**栃木**　さぁ、どうだか（笑）。今度は、歴史の話をしようよ。

**星野**　もちろん、ぜひ。今日はありがとうございました。

# おわりに

## ●今回の授業ネタをつくってきた道のり

　2009年11月。この本を作成するためのプロジェクトがスタートしました。『部落問題学習の授業ネタ―5歳から18歳でやってみよう』が発刊される直前でした。メンバーと確認した授業ネタのコンセプトは、日々の暮らしのあたりまえに潜む部落差別につながる偏見や差別意識に気づくネタでした。授業構想、適した文献資料探し、授業プラン化、実践検証、書籍化へと10年かけました。その間に、『部落問題学習の授業ネタ―社会科日本史でやってみよう』の復刻発刊と、アクティブラーニングの授業実践も進めました。

　各地で部落問題学習を実践されている方々の話を聞くと、悩ましい話が出てきます。よく聞かれるのは部落問題学習実践の世代継承の話です。カリキュラムや教材はあっても、それをこなすだけで、授業者自身がやらされているように見えるというのです。おそらく授業者自身は熱心に勉強して授業に臨んでいるでしょうし、さまざまなアレンジをされていると思うのです。やらされているなんて言われると腹が立つという方もおられると思います。しかしこれまで実践されてきた方々が、おしなべて言われるのは「魂が入っていないように感じる」ということでした。

　その魂とは何なのでしょうか。私が思うに、魂が入っているかどうかは、何のためにやっているのか、誰のためにやっているのか、そのためにどのようにやっていきたいのか、いつどこのタイミングでやるつもりなのかという問いに答えられるかどうかだと思います。魂が入っていれば、そのような問いにはたやすく答えられます。要は、借りてきた言葉ではなく、自分の言葉で部落問題が語れるか、目の前の子どもたちに何を伝えたいのかがはっきりしているか、そのためにどのような授業をつくるのかということです。

　この本を作成したメンバーは、いくつかの条件のひとつとして、次のことを自分自身に課していました。「部落問題学習の授業をつくることを通して、自分の価値観や差別意識を問うことを目的とし、授業実践することで部落問題解決につなげる。また、誰でもどこでもできる授業ネタをつくることを前提とし、子どもや地域の実態に即してアレンジするのが教職員の技であるという共通認識でネタづくりを行う」というものです。

　私たちは、授業をつくることを通して、自らが学び、自らの差別認識を見つめ直すことが、自らの実践力を高めることにつながると考えています。授業ネタをつくってきた道のりは、子どもたちの反応を感じながらアレンジを加え、常に新しい課題に挑み続けた日々でもありました。職員室で同僚と部落問題を話題にするきっかけにもなりました。ともに

実践する同僚の仲間づくりにもなりました。

## ●宝物といえる副産物が生まれる

　部落問題学習の授業をつくっていると、自身の差別意識が露呈したり、互いの部落問題認識が問われることもあるでしょう。本当は伝えたいけど、伝えにくいことを話す機会もあるでしょう。隠しておきたいと思っていたけど「えいやっ」と飛び越えてみたら、受け止めてくれる人がいたということもあるでしょう。「でもやっぱり今日も言えなかった」と悩む日が続くこともあるでしょう。「あの人になら言えるかも」「あの人はどう思うんだろう」と不安を抱えながら職場に向かう日もあるでしょう。いろいろなことが試されたり、問われたり、表れたり……。見えていなかったものが見えてきたり……。部落問題学習の授業をつくる過程で構築される関係性は宝物といえる副産物だと思っています。それは、子どもどうし、教職員と子ども、教職員どうしに生まれる関係性です。人とつながれることって、すてきなことだと思います。単なる仲良しではなく、仲間といえるでしょう。

## ●痛いと言っているのに、放置するのか

　部落問題学習の実践が広がりにくい学校現場もあると思います。また、相談しにくい現場や、1人で実践するのがやっとだという現場もあると思います。副産物が生まれたとしても、点から線、線から面へと次につなげにくいと思うかもしれません。もうそこは諦めているという方もおられるかもしれません。同僚性や教職員仲間という面では、たしかにそう言える状況が続いているのだと思います。同和教育・人権教育の研究会に行くことで、自分の実践していることや考え方が間違っていないか、同じ方向を向いている仲間がどれだけいるのかを確認しているという方もいます。

　そのような現場では、部落問題学習を実践している人たちのことを「あの人たち」「人権の人たち」などと、特別な人のように言われていたりすることもあります。自分のクラスでの部落問題学習を「人権担当の先生」にやってもらうという現場もあります。もちろん、それをきっかけに広めていくこともありますが、「部落問題学習は人権担当の先生の専門分野でしょ」と任せっきりにする現場では、なかなか部落問題について話しにくいだろうと思います。それこそ、なかなか話を聞いてもらえなかったり、スルーされたり、「あなたの専門の話だから、私にはわからないし、する気はない」などと言われてしまえば、悔しい思いをするだけでなく、それが繰り返されたり何人にも言われれば、自分の考えって間違えているのかな、おかしいのかなと思ってしまうことだってあるでしょう。実践することに、ものすごく気を遣ったり、こっそりやっている人もいます。

　部落問題学習をやるかやらないかは大きく違い、部落差別がある社会において、部落問題学習をやらないことは、子どもも教職員も学ぶ機会を失い、部落問題の解決を、差別・偏見の情報にまみれる社会に生きる子どもたちの善意に期待するしかなくなるのです。そ

のような善意に期待して待つだけの状況は、痛いと言っている人がいるのに放置するのも同然です。「待っていたらそのうちなくなるから」と言っていることになるのです。

　実践することは間違っていません。部落問題を解決していくために、私たち教職員は実践するのです。私たち教職員は、差別をなくす仕事をしていると言っても過言ではありません。教職員仲間がなかなか増えなくても、実践することで学んだ子どもたちのなかに、部落差別っておかしいと気づく子や、なくしたいと考え行動する子が1人でもいれば、反差別の人が授業者1人から2人になったことになります。2倍です。地道で長い道のりかもしれません。でも、実践し続けましょう。それは、差別をなくすための、確かな、必要な、実践なのです。

　もし、なかなか理解のない現場で、たった1人で、面でも線でもなく、点で実践している人がいたなら、あなたの勇気、そして不安を想像したとき、胸が締め付けられる思いがします。無理をせず、それでもしたたかに、ゆっくりじっくり進めてほしいと思います。実践はもちろんですが、あなた自身の気力と体力も持続することが大切なのですから。私たちは実践する人を大切にしたいと思います。

### ●あたりまえを疑う必要のない社会へ

　「部落差別の解消の推進に関する法律」が施行されてからも、まだ実践をし続けなければならない状況、そしてこの本を発刊し、各地での活用を期待しなければならない状況があることは、悔しいです。部落差別がまだあるということなのですから。早く部落差別がなくなり、部落問題が単なる歴史のなかの負の史実となるようにしたいです。そのための一冊となるのであれば、「あたりまえ」を問うという部落問題学習の授業づくりに10年をかけた価値はあったのではないかと思います。

　最後になりましたが、いつもさまざまな要望に応えてくださり、より読みやすく教育現場で使いやすい本づくりを心掛けてくださる、解放出版社の編集担当・尾上年秀さんに深く感謝いたします。

　この本を活用しようとお買い求めいただいた方の机上で埃をかぶることなく、しわくちゃになり、折りめが付き、実践されることを切に願います。

　この本では、今、身のまわりにある「あたりまえを疑う」ことで、部落問題につながる差別や偏見を問うたり、部落認識を問うています。実践することで、「部落差別しないのがあたりまえ」「それ、部落差別だよと指摘するのがあたりまえ」という社会を実現しませんか。そのあたりまえを疑う必要のない社会は、誰にとっても生きやすい社会だと思うので。

　まずは、できそうな授業ネタで、できるところから。

　それがもう、反差別の行動の一歩だと思います。

部落問題学習ネタつくろう会代表　星 野 勇 悟

**監修●星野勇悟（ほしの ゆうご）**
1968 年生まれ。大阪府の小学校教員。部落問題学習ネタつくろう会代表。人権教育主担者、大東市人研事務局長、北河内人研事務局長、大阪府人権教育研究協議会ブロック委員を務め、部落問題学習をはじめ人権学習実践を続ける。各地での講演や人権教育実践への助言、人権をテーマにしたツアーを開催し、教職員の人権感覚を互いに磨きながら、新しい授業プランを開発し続けている。

**編者●部落問題学習ネタつくろう会（50 音順）**
関信昭、中野泰宏、星野勇悟、三上博、山北智
部落差別のおかしさに気づき、差別を見抜き、差別しない、気づいたらおかしいと言える人になれるよう、子どもも大人も部落問題について主体的に学べる授業開発をしている。大阪府の小中学校教職員有志で構成。

**部落問題学習の授業ネタ 3　アクティブに「あたりまえ」を疑ってみよう**

2019 年 11 月 10 日　第 1 版 第 1 刷発行

監修　星野勇悟
編者　部落問題学習ネタつくろう会 ©
発行　株式会社 解放出版社
　　　552-0001 大阪市港区波除 4-1-37 HRC ビル 3F
　　　TEL 06-6581-8542　FAX 06-6581-8552
　　　東京事務所
　　　113-0033　東京都文京区本郷 1-28-36 鳳明ビル 102A
　　　TEL 03-5213-4771　FAX 03-5213-4777
　　　振替 00900-4-75417
　　　ホームページ http://kaihou-s.com
装幀　天野勢津子
本文レイアウト　伊原秀夫
印刷・製本　モリモト印刷株式会社

ISBN 978-4-7592-2169-5 C0037 NDC 370 123P 26cm
定価はカバーに表示しております。落丁・乱丁はおとりかえします。

## 障害などの理由で印刷媒体による本書のご利用が困難な方へ

本書の内容を、点訳データ、音読データ、拡大写本データなどに複製することを認めます。ただし、営利を目的とする場合はこのかぎりではありません。

また、本書をご購入いただいた方のうち、障害などのために本書を読めない方に、テキストデータを提供いたします。

ご希望の方は、下記のテキストデータ引換券（コピー不可）を同封し、住所、氏名、メールアドレス、電話番号をご記入のうえ、下記までお申し込みください。メールの添付ファイルでテキストデータを送ります。

なお、データはテキストのみで、写真などは含まれません。

第三者への貸与、配信、ネット上での公開などは著作権法で禁止されていますのでご留意をお願いいたします。

あて先

552-0001 大阪市港区波除 4-1-37 HRC ビル 3F 解放出版社

『部落問題学習の授業ネタ3』テキストデータ係

テキストデータ引換券
『部落問題学習の授業ネタ3』
2169-5

解放出版社の本

# 部落問題学習の授業ネタ
5歳から18歳でやってみよう

部落問題学習ネタつくろう会 編

B5判・128頁　定価1800円＋税
ISBN978-4-7592-2144-2

絵本を使った指導案や結婚差別、部落史の指導案を掲載。小学校に準拠した45分授業で構成。豊富な資料とコラムで、いますぐ使える部落問題学習の手引書として最適。

# 部落問題学習の授業ネタ２
社会科日本史でやってみよう

部落問題学習ネタつくろう会 編
中尾健次・星野勇悟 監修

B5判・184頁　定価2000円＋税
ISBN978-4-7592-2166-4

子どもが興味関心をもって学ぶ視点を重視した、社会科日本史を切り口にした部落問題学習の指導案。反差別の視点で子どもたち自らが考える授業展開を示す。